전세대란의 마지막 희망

장기전세주택

전세대란의 마지막 희망

장기전세주택

임성은 지음

KSi 한국학술정보[주]

주택에 대한 생각이 바뀌고 있다.

불과 몇 년 전만 하더라도 주택을 투자대상으로 인식하는 경우가 많았는데, 이제 투자재로서의 관심은 현격히 줄어들었다. 물론, 그 이유를 따지자면 최근 주택가격의 하락 또는 상승세가 멈추면서 투자가치가 떨어졌기 때문으로 볼 수 있다. 한마디로 집을 사도 더 이상 가격이 오를 것 같지 않기 때문이다.

오랜 기간 서울의 주택가격이 상승하는 원인을 두고 수요관리 잘못과 공급 부족 때문이라는 논란이 계속됐다. 어느 진단이 맞을까? 장기전세주택이 공급되기 시작한 후 5년간 서울에 주택공급은 거의 이루어지지 않았다. 공급 부족에도 불구하고 집값은 정체 혹은 하향 곡선을 그리고 있다. 정상적인 수요 공급에 의한 가격결정 이론은 빗나가고 있는 셈이다.

주택가격이 하락하기 이전부터 정책적으로 주택의 개념에 대한 인식을 바꾸겠다고 도전장을 내밀었다. 그것은 '장기전세주택'이다. 통상 새로운 주택정책은 누구를 대상으로 몇 채를 공급하겠다고 하는 경우가 보편적인 것을 감안하면 추상적이고 무모한 목표라고도 할 수 있는데, 이런 목표를 내걸 수밖에 없는 이유가 있었다. 주택에 대한 생각이 바뀌지 않는 한 정부 차원에서 서울시 주택문제를 해결할 방안이 사실상 없었기 때문이다.

왜 장기전세주택인가?

장기전세주택이 2007년 5월 처음 공급된 후 5년이 지났다. 통상 주택정책은 대통령이나 장관이 바뀌면 계속 큰 폭으로 변화해 왔다. 장기전세주택도 박원순 시장이 취임 후 전임 시장의 사업을 계속할지 검토할 때 폐지 위기를 맞기도 하였다. 그러나 아직 공급이 계속되는 이유는, 서울시민을 대상으로 하는 정밀한 여론조사 결과 '계속 승계해야 하는 정책 1순위'로 나타난 것과 무관하지 않다.

장기전세주택은 첫 공급부터 주택시장에서 선풍적인 인기를 얻고 있다. 청약경쟁률로 대변되는 시장의 반응은 공급이 거듭될수록 계속 증가하는 현상을 보이고 있으며, 그동안 임대주택과도 큰 차이를 나타내고 있다. 장기전세주택의 공급 이후 5년간 주택시장에는 많은 변화가 있었다. 보금자리주택의 공급, 주택 매매가격의 정체 혹은 하락, 전세가격의 상승 등이 그것이다.

이런 현상에 장기전세주택이 모두 관련돼 있다는 주장이 제기되고 있다. 즉, 장기전세주택이 서울시 주도로 생겨나면서 중앙정부가 보금자리주택을 새로이 공급하게 되었고, 장기전세주택이나 보금자리주택에 대한 대기수요로 매매수요가 줄어들면서 주택가격에 영향을 주고 있다는 분석이다. 그렇다면, 이러한 시장의 여론은 실제로 어떠할까? 또한 학술적으로 어떻게 검증할 수 있을까 하는 의문이 이 저술의 출발점이다.

본 저서의 목적은 첫째, 장기전세주택의 특성파악을 통해 정책적 목표와 수단이 정부의 다른 공급정책과 어떤 차별성을 가지고 있는지를 구명(究明)하는 것이다. 둘째, 장기전세주택 공급에서 비롯된 '주택에 대한 인식변화'의 정도와 그 영향을 분석함으로써 그 정책효과를 설명하는 데 있다.

장기전세주택은 그동안 공공이 공급해온 분양주택과 임대주택의 정책적 단점을 보완하는 데서 출발하였다. 분양주택과는 달리 소유권을 이전하지 않아 적절한 분양가격 결정이나 개발이익환수 논란을 극복하였다. 그동안의 임대주택보다 면적이 넓고, 임대료에 전세제도를 도입하였다. 입주대상을 소득제한 없이 확대하고 '시프트'라는 브랜드 마케팅을 도입하여 임대주택에 대한 부정적 인식을 해소하고 주택의 개념을 투자대상에서 거주수단으로 전환하는 데 정책적 목표를 두었다.

▷ 장기전세주택은 주택의 개념에 대한 인식 전환을 정책목표로 삼았다. 물량공급 외에도 마케팅을 함께 추진해 왔는데 'SHift'가 의미상 가장 적합한 브랜드로 설정되었다. 브랜드 선포식을 끝낸 실무 주역들의 표정에 자부심과 각오가 느껴진다.

정책 목표로 설정하였던 주택의 개념에 대한 인식변화는 설문조사를 통해 분석하였다. 정책목표가 다소 추상적인 만큼, 이것을 정확하게 접근하기 위하여 조사대상을 장기전세주택의 입주자와 전문가 그룹으로 나누어 실시하고, 이들 간에 비교분석도 실시하였다.

주택가격의 상승세가 멈추면서, 앞으로 하락할 위험성이 나타나면서 '주택'에 대한 고민은 수익률 중심, 즉 투자대상에서 점점 멀어지는 현상이 나타나고 있다. 이런 시점에서 장기전세주택이 제시한 주택의 개념에 대해 간략히 고찰해 보고자 한다. 부족한 이 책이 인간의 행복을 추구하기 위한, '의식주'라는 기본권과 관련한 주제 중 가장 큰 근심거리가 되고 있는 주택에 대한 고민을 덜어 주는 데 청량제가 되었으면 한다.

〈감사의 글〉

끝으로 이 책이 나오기까지 물심양면으로 도와준 분들께 감사의 인사를 전한다. 필자가 장기전세주택을 처음 제안한 것이 2005년 12월이다. 당시 선거캠프에서 공약사안 제1번으로 제안했는데, 돌이켜보면 아이디어 수준이었다. 이 제안은 시장 선거 경선에서 뜨거운 논의와는 달리 본선을 거치면서 사장될 뻔하다 2007년 1월 정책발표로 이어지고 4개월 뒤에 실제 공급으로 이어졌다.

좀 더 체계적인 정책보고서를 만들고 싶은 욕심이 대학원 진학으로 이어지는 끈이 되었다. 대학원에 입학을 한 2007년 3월 이후 연구계획서에는 늘 장기전세주택을 적고 있었으나 논문이나 저서가 나오기까지는 많은 분들이 함께 해 주었다. 장기전세주택이 단시간에 정상궤도에 오를 수 있도록 집행업무를 맡아준 서울시 간부들과 직원들, 정책발표 단계에 방송뉴스로 탄력을 붙여준 KBS 박태서 기자님, 대학원에서 지도를 해주신 여러 교수님들, 설문조사를 도와주신 분들께 감사를 드린다.

가족들도 빠뜨릴 수 없다. 늘 기도로 성원해준 부모님·장인 장모님, 매일 늦게 귀가한다고 불평하면서도 잘 참아준 사랑하는 아내 이미숙과 아들 선민이와도 출판의 기쁨을 함께 나누고 싶다.

2012년 9월

조선시대 이후 국가의 기틀을 잡고 있는

사직동 기슭에서   林聖恩

〈감사를 전하는 분들〉
- 서울시: 김효수, 문홍선, 여장권, 김윤규, 류훈, 양용택, 강윤경
- 대학원 은사: 권원용, 고 김일태, 최근희, 김태영, 송석휘, 남황우 교수님
- 박사학위논문 심사위원: 권원용, 서순탁(지도), 김수현, 김호철, 오동훈 교수님
- SH공사: 전오식, 이종언, 이상현, 이민석
- 설문조사: 표용철(국토해양부), 이현재 김기철(LH공사), 노새일

제 1 장

장기전세주택이란

제1절 장기전세주택정책의 도입과 현황

1. 장기전세주택의 도입 배경

1) 문제제기와 논의의 배경

2006년 초기 주택가격이 급등하면서 공공의 주택공급방식과 관련한 정책이 쟁점화되기 시작하였다. 주택공급방식과 관련한 논의의 시발은 서울시의 주택시장의 특수성에서 비롯되었다.

우리나라 주택시장 중 서울시의 경우 주택가격이 높고, 가격상 승률까지 높은 상태여서 매우 불안정한 시장으로 볼 수 있다. 정부는 이러한 주택문제를 해결하기 위해 저소득자를 대상으로 임대주택을 공급해 왔으나, 임대주택은 저소득층 주거라는 부정적 이미지가 형성되면서 단지의 슬럼화와 기존 거주민 또는 일반분양자들과의 계층 간 주거분리 등 부작용이 발생[1]하였다. 또한 그동안 LH 공사에 의해 공급된 기존의 임대주택은 서울 도심에서 멀리 떨어진 지역에 위치하고 입주자격이 제한[2]돼 있어 수요자의 요구를 충족시키지 못하고 있다는 문제가 끊임없이 지적되어 왔다. 재정부분에 있어서도 공공주택 공급에 있어서의 문제점이 나타났다. 임대주

---

1) 국토해양부(2009: 199).
2) 서울서베이 '05, 공공임대주택의 문제점으로 입주자 대상이 너무 제한적이다가 32.7% 로 가장 높았고, 물량이 적다(17.8%), 면적이 좁다(17.4%), 부정적 이미지(15.3%), 비싼 임대료(10.1%) 등이 문제로 조사됨.

택 공급 재원을 마련하기 위해 정부가 택지개발 등을 통해 분양주택을 공급하는 과정에서 적절한 분양가 산정방법을 둘러싼 갈등과 혼란이 생겨나 서울시 차원에서는 주택정책을 제대로 수립하기가 매우 힘든 상황이었다.

이런 여건에서 서울의 주택문제를 해결하기 위한 새로운 정책이 필요했고, 새로운 대안 찾기는 서울시장 출마를 희망하는 국회의원 중심으로 논의가 활성화되었다. 이 시기에 이슈를 선도한 것은 홍준표 의원으로, '반값 아파트'를 기치로 내걸었다. 열린우리당의 국회의원 이계안은 '환매조건부 분양'을 주장하였고, 한나라당의 국회의원 맹형규는 '장기전세주택'을 제안하여 기존의 '공공임대주택'과 함께 선의의 정책경쟁 구도로 전개되었다. 장기전세주택 안은 당시 언론의 주목을 크게 받지 못하였는데, 홍준표 안이 '반값 아파트'라는 자극적인 용어를 사용한데다 선점을 당하였기 때문[3]으로 분석할 수 있다. 이들은 서울시장 후보경선 과정에서 언론보도와 합동토론회 등을 통해 치열한 공방을 벌였다(〈표 1-1〉 참조).

〈표 1-1〉 이슈제기 단계의 주택정책별 특성비교

구분	홍준표 안	맹형규 안	이계안 안	비고(기존)
타이틀	토지임대부 분양	장기전세주택	환매조건부 분양	분양/임대
토지 공급방식	임대	임대	분양(조건부)	분양/임대
건물 공급방식	분양	임대	분양(조건부)	분양/임대
장점	초기 분양비 절감	저렴한 비용 (분양가의 1/4)	초기 분양비 절감	소유욕 부응, 재테크 수단
단점(한계)	토지임대료 부담 적정 부지확보 곤란	소유 중심의 주택관 전환 필요	재테크 곤란으로 기피, 환매조건 설정 곤란	개발이익환수 논란, 집값 앙등, 임대주택 기피

---

3) 정치부 기자에 의해 주로 작성되었는데, 정책발표 이후 KBS 보도 등과 대조된다.

개발이익 환수	토지분에 한해 가능	토지·건물 모두 가능	일정기간동안 가능	논란/가능
도입사례	한국(낙원상가, 이촌아파트 등)	월세임대 다수 (전세 - 우리나라)	싱가포르	외국 다수, 우리나라
시장 반응	낯섦 토지임대료에 대한 혼란	익숙함(전세 자체), 장기에 대한 기대	복잡(환매제도 및 조건)	

자료: 임성은(2009: 7)

2) 정책결정의 과정 및 쟁점

정책결정을 맡고 있는 서울시는 선거 과정 동안 이러한 쟁점들에 대해 특별한 입장표명을 하지 않았다. 새로운 주택공급유형을 주장했던 후보들이 모두 당내 경선과정에서 낙선하면서 이러한 논란은 잠시 소강상태에 접어들었다.

그러나 선거가 끝난 2006년 9월, '은평뉴타운 고분양가' 논란이 사회적 문제로 대두되면서 장기전세주택과 관련된 논란이 다시 시작되게 된다. 중대형 평형 위주로 공급된 은평뉴타운의 분양가는 평당 1,500만 원 상당이었으며, 원가 수준을 훨씬 상회한다는 지적과 함께 공공이 주택가격 상승을 부추긴다는 비판을 받았다. 당시 오세훈 서울시장은 '분양원가 공개, 후분양제 전격 실시' 등으로 논란을 종식시켰고, 이후 새로운 주택가격 안정화 대책마련을 지시하였다. 서울시 내부에서 초기에 검토한 안으로는 '토지임대부 분양안', '환매조건부 분양안' 등이었고, 2차로 검토된 것이 상기전세주택이었다. 당시 논의되었던 내용을 정리하면 다음 〈표 1-2〉와 같다.

〈표 1-2〉 장기전세주택 도입기 세부 이슈별 이해관계자 의견

구분	시 주택국	SH공사	비서실	비고(결정)
공급 평형	$59m^2$ 제외 $114m^2$ 포함	$59m^2$ 제외 $114m^2$ 제외	$59m^2$ 포함 $114m^2$ 의견유보	$59m^2$ 포함 $114m^2$ 포함
공급 물량	일반분양분 전환(약)	일반분양분 전환반대	일반분양분 전환(강)	일반분양분 전환
대상자 기준	소득제한 (국민임대 적용)	소득제한 (국민임대 적용)	소득제한 해제	소득제한
최초 공급	건축순, 소량	–	조정, 일정물량	조정, 일정물량
재원조달	분양전환 미보전	분양전환 보전	–	분양전환 미보전
전세보증금 수준	–	(법령준수 불가피)	80%	80%, 전환임대료 기준
공급기간	–	–	20년	20년

자료: 임성은(2009: 7)

가장 쟁점이 된 것은 입주자격에서 소득제한 여부와 공급가격의 결정기준이었다. 이것에 따라 공급물량과 공급평형, 재원 등이 함께 연동하기 때문이었다.

입주자격과 관련한 쟁점은 기존 임대주택 기준을 그대로 적용할지, 차별화할지에 관한 문제였다. 장기전세주택이 정책목표로 제시한 주택에 대한 인식이 전환되려면 중산층 이상도 청약할 수 있도록 소득제한이 철폐 혹은 완화되어야 한다는 입장이었다. 기존 임대주택의 입주자격이 제한적이라는 조사결과, 넓어진 면적에 대한 임대료 부담능력 등을 반영하는 것이기도 했다. 반면, 이것을 시행할 수 있는 단독의 법적 근거가 없고, 정책검토 당시에 공급대상으로 검토하던 물량은 국고지원을 받아 국민임대주택으로 건설되던 것이 상당수였다. 국고지원을 유지하려면 소득제한 적용이 필요했는데, 재정문제와 임대주택의 기존대기자 상황 등을 고려하여 임대주택전환에 대해서는 소득제한을 유지하기로 결정하였다.

공급가격은 주변시세보다는 낮은 것이 합리적이고, 또 주변 가격에도 어느 정도 영향력을 줄 수 있다는 측면에서 '주변 전세시세의 80% 이하'로 결정되었다.

그 이후 장기전세주택은 특정지역을 대상으로 한 시뮬레이션을 통해 사업타당성을 분석하고 공급대상지와 공급가격 등을 평가한 이후 2007년 공표되었다. 최종결정안을 서울시장 선거 당시 맹형규 안과 비교하면 아래 〈표 1-3〉과 같다.

〈표 1-3〉 장기전세주택의 최초제안과 최종안 비교

구 분	상호작용 전 (맹형규 안)	상호작용 후 (서울시 방침)	비고
명칭	장기전세주택	동일(SHift 브랜딩)	(시프트 브랜드 도입)
공급방식	토지·건물 전세임대	동일	
전세보증금 수준	주변시세의 80%	기준 동일 국민임대 전환분은 기존공식 적용	국민임대 전환분은 60% 수준에 공급
공급기간	최대 20년	동일	
공급물량	차량기지 위주 신규	분양분 전환 국민임대 일부 전환 재건축 임대 전환 역세권 시프트 도입	구체화, 다양화

자료: 임성은(2009: 8)

3) 정책의 목표 설정

서울시는 새로운 주택유형을 시장에 공급하면서 단순히 주택 몇 호를 공급한다는 데 초점을 두지 않고, 주택을 '사는 것에서 사는 곳'으로 시민들의 의식을 전환하겠다는 정책목표를 제시하였다. 그러나 이러한 목표는 중앙정부가 주택정책의 목표로 설정한 '내집마련 촉진과 주택가격 안정'4)과는 다소 배치되는 것이었다. 이러한 목표를 제시한 배경으로 낮은 자가보유율과 소득대비 높은 주택가격, 그리고 임대주택에 대한 기피현상 등을 들었다.

이러한 상황에서 수요자 중심 주택정책으로의 패러다임 전환이 필요하다는 공감대가 형성되기 시작한다. 선진국의 공공임대주택정책은 주로 3단계로 진행되는데 1단계는 임대주택의 보급 단계로 주택보급률이 100%가 넘는 시점에서 기존 주택의 재고관리와 유지에 초점을 맞춰 가고, 정부 보조의 형태도 공급자 지원에서 수요자 지원으로 전환하려는 시도가 일어나게 된다. 2단계는 정부의 공공지출 삭감으로 임대주택에 대한 지원이 감소되고 기존주택의 활용을 중시하며, 민영화 추진 및 수요자 지원으로의 정책전환을 가져오게 된다. 3단계는 사회적 인프라를 구축하는 차원에서 도시재생이 추진되고 그 일환으로 공공임대주택의 재개발과 사회구조 변화에 도시재생이 추진되는 시기로 다양한 임대주택수요가 발생하게 되어 새로운 공급정책이 펼쳐지는 시기라고 할 수 있다. 현재 우리나라는 1단계와 3단계가 모두 혼합된 과도기로 볼 수 있으며, 공공의 주택공급이 불가피하나 서울시의 경우 가용택지가 부족하여 단순히 주택 몇 호를 공급하는 정도로는 주택문제 해결이 어려운 상황이다. 이를 토대로 '주택에 대한 인식의 전환'을 정책의 목표로 선정하게 되었다.

---

4) 국토해양부, 2005, 주택종합계획(주택법 제7에 의거) 2005~2010, 100~104쪽.

4) 정책결정 이후 전개과정과 보완

그 이후 장기전세주택은 법제화와 보완을 계속하게 되는데 4가지 시기로 크게 구분할 수 있다. 시기별 특징에 따라 이슈제기기, 도입기, 확대기, 보완기 등으로 명칭을 부여하였고, 시기별 특징은 아래 〈표 1-4〉와 같으며, 일정별 추진경과는 〈표 1-5〉와 같다.

〈표 1-4〉 정책결정 시기별 특징

구 분	이슈제기기	도입기	확대기	보완기
쟁점	저렴주택 공급방안	장기전세주택 모델 확립	장기전세주택 물량확대	제도적 보완
시기	'06.1.~'06.12.	'07.1.~'07.6.	'07.7.~'08.12.	'09.1.~
계기	서울시장 선거 (정책개발 경쟁)	민선4기 새로운 주택정책 도입	T/F팀 구성	시의회, 언론의 문제제기
갈등	토지임대부 분양 환매조건부 분양 장기전세주택	공급평형, 물량 공급대상(자격) 마케팅 방안	대상지역 및 대상물량 인센티브(용적률 등)	공급제도 재원조달방안
정책 행위자	서울시장 후보자 주택공사, SH공사 언론	시 주택국 시장 비서실 SH공사, 언론 시정개발연구원	시 주택국 역세권 소유주 등 민간개발업체	시 주택국 시의회 SH공사
상호작용	언론보도, 정책토론	회의, 언론보도	T/F팀 활동	시의회 질의 내부 협의

자료: 임성은(2009: 6)

〈표 1-5〉 장기전세주택 추진경과

연도	내용
2007.1.2.	- 주택시장 안정을 위한 서울시 종합주택정책 발표 - 장기전세주택 최조 언급
2007.3.5.	- 〈1·2서울시주택정책〉보완·실행계획 발표
2007.6.11.	- 장기전세주택 '시프트'브랜드 선포
2007.7.5.	- 장기전세주택 중대형평형 소득제한 폐지
2007.9.14.	- 장기전세주택 시유지, 국·공유지에 7,170호 추가건설 공급
2008.3.18.	- 역세권에 장기전세주택 시프트 1만 호 추가공급

2008.5.28.	- 서울시·국토부 제3차 주택정책협의회 합의결과(장기전세주택 법제화 합의) 발표
2008.7.30.	- 도시계획조례 개정(시프트 공급 시 준주거 용적률 400% → 500% 완화)
2008.11.13.	- 역세권 장기전세주택 건립관련 지구단위계획 수립 및 운영기준 제정
2008.11.13.	- 도시계획조례시행규칙 개정(역세권 시프트의 용적률체계, 건축물노후도 완화)
2008.12.17.	- 도시 및 주거환경정비법시행령 개정(재건축임대주택 입주자선정기준을 시·도 위임)
2009.1.22.	- 재건축매입 장기전세주택 입주자 선정기준 변경 - 무주택/거주기간, 나이, 가점제
2009.2.3.	- 주택법 개정 - 주택건설사업, 건축허가로 주상복합 건설 시 민간시프트 공급 근거
2009.2.25.	- 2차 역세권 시프트 공급확대방안 발표(지구단위계획구역 외 역세권 시프트 2만)
2009.3.25.	- 임대주택법 개정 - 20년 범위 안에서 전세로 공급하는 임대주택의 유형
2009.4.21.	- 주택법 시행령 개정(주택건설사업(건축허가) 완화용적률의 30~60/100 조례위임)
2009.4.21.	- 도시 및 주거환경정비법 개정(재건축소형주택은 임대주택 또는 전세주택 활용)
2009.5.12.	- 도정법 시행령 개정(개정된 주택법에 의한 시프트 공급도 도시환경정비사업 가능)
2009.5.28.	- 주택조례 개정 - 완화용적률의 50/100 시프트로 공급 근거
2009.6.25.	- 임대주택법 시행령 개정(시프트는 공공건설임대주택의 최초의 임대보증금 배재)
2009.6.26.	- 임대주택법시행규칙 개정(시프트 최초의 임대보증금은 주변전세시세의 80%)
2009.8.7.	- 도정법 시행령 개정(개정된 주택법에 의한 시프트 공급도 도시환경정비사업 가능)
2009.12.10.	- 주택공급에 관한 규칙 개정(입주자 선정기준 중 일부를 시·도지사에게 위임)
2010.2.25.	- 장기전세주택 공급 및 관리규칙(가점제 도입, 재당첨 제한, 매입형 신혼부부 자격기준 개선 등)
2010.3.2.	- 도시 및 주거환경 정비조례 개정(도시환경정비사업 시 장기전세주택 관련 세부정비계획내용 마련)
2010.3.11.	- 제3차 공급확대방안 발표 - 재개발·재건축지역에서도 장기전세주택 공급

자료: 서울시 내부자료

2. 장기전세주택의 법제화

1) 도입 초기 장기전세주택의 법제화 논의

장기전세주택이 2007년 1월 정책을 발표하고, 같은 해 4월 30일 실제 공급이 이루어지기까지 소요된 기간은 4개월 정도에 불과했다.

주택은 통상 사업의 인허가와 건설에 소요되는 기간이 4년에서 10년까지 소요되는 현실을 고려하면 매우 이례적인 현상이다. 이것이 가능했던 이유는 이미 건설 중으로 완료를 앞둔 물량을 전환하여 공급했기 때문이었다. 즉 일부는 분양물량으로, 일부는 국민임대 물량으로 건설 중이던 것을 장기전세주택으로 전환하였기 때문에 가능하였다.

정책도입의 취지 자체가 기존 분양주택과 임대주택의 부족한 부분을 보완하다 보니, 법적 측면에서 정비과제가 새롭게 많이 등장하였다. 궁극적으로는 법적 근거, 입주자자격기준, 공급가격 결정기준 등이 가장 큰 쟁점이었다.

내용별로 살펴보면 첫째, 장기전세주택은 명칭 자체가 법적 근거가 없었다. 단순히 호칭이나 브랜드로 사용할 수는 있으나 기존의 임대주택과 차별을 두자는 정책적 취지를 달성하기 위해서는 법적 근거가 필요했다. 그런데 이러한 것을 중앙정부와 협의하기에는 물리적인 시간이 절대적으로 부족하였고, 중앙정부에서는 법적으로 검토해 보건데 '임대주택'과 차등화하기가 쉽지 않다는 견해를 가지고 있었다. 초기에 이러한 이견으로 법령 마련이 되지 않은 상태에서 장기전세주택을 공급하였고, 그 이후에는 청약률과 언론보도 등에서 인기를 끌자 중앙정부가 주도권을 가지지 못했다는 이유 등으로 법제화가 지연되는 현상이 발생하였다.[5] 두 번째 문제는 입주자자격과 관련한 문제였다. 입주자격의 문제에서 쟁점은 소득제한 여부와 청약통장 사용 여부로 대별할 수 있다. 장기전세주택은 주택에 대한 개념이 전환되려면 저소득 위주로는 목표 달

---

5) 당시 서울시 주택기획과장과의 인터뷰.

성이 어렵다고 판단하고, 중산층 이상도 청약하여 입주할 수 있도록 청약자격에 소득제한이 철폐 혹은 완화되어야 한다는 입장이었다. 반면, 이것을 시행할 수 있는 단독의 법적 근거가 없어 임대주택에 준하여 규정을 적용할 수밖에 없었는데, 이로 인해 59㎡의 경우 근로자평균소득의 70% 이하로 규정된 국민임대주택 입주자 규정을 준용하게 되었다. 그 이후 2009년 말까지 소득제한과 관련하여 협의하였으나 서로 이견이 커 그대로 유지되고 있다. 이런 배경에는 소득제한 규정을 그대로 둔 상태에서도 국민임대주택보다 높은 청약률과 저소득층 이미지가 많이 희석됐다는 현실적 고려도 반영되었다. 반면, 84㎡의 경우 공공임대주택 입주자자격 기준을 적용하였는데 여기에는 소득제한이 적용되지 않으며, $115m^2$의 경우 청약예금 가입자를 대상으로 입주자자격을 적용하고 있다. 한편 재건축 과정에서 발생한 임대주택을 전환한 물량의 경우 재건축 임대주택 기준을 적용하였는데, 이것은 청약통장 가입 조건이 없고 인근 지역 장기거주자 등을 기준으로 설정돼 있다. 소득제한과 관련한 문제는 2010년 서울시장 선거과정에서 쟁점으로 부각되었는데, 학술적 정리가 필요한 사안으로 판단된다.

세 번째 문제는 공급가격 결정기준과 관련한 것이었다. 장기전세주택이 정책적으로 표방한 가격 원칙은 '주변 전세시세의 80% 이하'였으나 이를 적용할 근거 법령이 없었다. 결국 기존의 임대주택법 기준으로 월 임대료를 산출한 후 전환이자율을 곱하여 전세보증금을 산출하였다. 장기전세주택이 법제화되기 전 공급됐던 다수의 물량에는 주변시세 60~70% 수준의 주택들이 많은데, 그 이유는 바로 법제화 이전 단계에서 불가피한 측면이 있었으며 이것은 앞으로도 주변 주택과의 형평성, 이후 공급된 주택과의 형평성, 퇴거 이후의 새로운 입주자와의 주택과의 형평성 등의 문제를 남기게 되었다.

상기 세 가지 법제화 문제는 아래에서 기술할 민간부문의 장기전세주택 공급 기준과 함께 법제화되어 현재는 독자적인 기준을 마련하게 되었다.

2) 민간부문 장기전세주택 공급을 위한 법제화 논의

서울시는 기존 임대주택유형 중 공공건설임대주택과 재건축매입임대주택을 장기전세주택으로 공급해 왔으나 공급기준과 방법은 개별 법률에 의존[6]할 수밖에 없어 장기전세주택의 공급취지와 정책목표 달성에 어려움을 겪어 왔다.

2008년 3월 18일 발표한 역세권 지구단위계획 구역 안에서 민간이 장기전세주택을 건설하면 서울시가 이를 매입하여 장기전세주택으로 공급할 수 있는 근거도 마련할 필요성이 있었다.

이에 서울시는 장기전세주택의 법제화를 위하여 2007년 대선후보자에게 공약으로 선택해 줄 것을 건의하였으며 이를 이명박 후보자가 수용하였다. 이후에도 인수위원회와 대통령에게 장기전세주택정책 설명과 자료를 제공하는 등 정부의 주택정책에 반영될 수 있도록 꾸준히 노력하여 왔다. 또한, 서울시는 장기전세주택제도 도입 초기에 국토해양부에 임대주택법, 주택공급에 관한 규칙 등에

---

6) 본 책의 64쪽, 〈표 1-30〉 참조.

대한 제도개선 건의를 수차에 걸쳐 요청하였으며, 오세훈 시장이 직접 국토해양부 장관을 만나 여러 차례 장기전세주택 법제화를 요청하였고, 시 주택국장과 실무자들을 독려하여 국토해양부 주택토지실(구 주거복지본부) 등 관계부서에 40여 차례 방문 협의를 지속하였다.

주택건설사업자가 임대주택을 포함하여 주택건설사업을 하고자 하는 경우 용적률을 완화할 수 있도록 하되, 주택건설사업자는 완화된 용적률의 60/100 이하의 범위에서 임대주택을 시도지사에게 표준건축비로 공급하고 토지는 기부채납하는 역세권 민간부문 시프트공급방안이 명시된 개정 주택법이 2009년 2월 3일 공포되었으며 주택법 시행령은 2009년 4월 21일 개정 공포되었다. 주택법 시행령에서 위임된 용적률 완화에 따른 임대주택의 비율을 정하기 위한 주택조례가 2009년 5월 28일 개정되어 완화된 용적률의 50/100을 장기전세주택으로 공급하는 것으로 결정되었다.

또한, 공공임대주택정책의 모법인 임대주택법에 20년 범위 안에서 전세로 공급하는 임대주택의 유형인 장기전세주택을 신설하는 개정 임대주택법이 2009년 3월 25일 개정 공포됐으며, 그 후속조치로 임대주택법 시행령과 시행규칙이 같은 해 6월 26일 공포 시행되었다.

법제화가 완료되어 시 내부 방침으로 공급하던 '장기전세주택' 제도에 대한 법적 근거 확보로 안정적인 장기전세주택 확보가 가능해졌고, 각 자치단체별로 여건에 맞게 제도를 받아들여 전국적 확대 시행이 가능해졌다.

이와 더불어 향후 장기전세주택 매입 재원확보를 위한 주택사업

특별회계조례 개정과 장기전세주택의 입주자 선정기준 등 일부를 시도지사에게 위임토록 하는 주택공급에 관한 규칙 개정 및 도시 및 주거환경정비법 시행령을 개정과 도시 및 주거환경 정비조례를 개정하였다(〈표 1-6〉 참조).

<표 1-6〉 법제화의 주요 내용

법령	주요 내용
[임대주택법] 2009.3.25. 개정 공포 (2009.6.26. 시행)	20년 범위 안에서 전세로 공급하는 임대주택유형(⇒장기전세주택) 신설
[주택법] 2009.2.3. 공포 (2009.5.4. 시행)	민간부문 장기전세주택 공급 근거 신설 - 임대주택을 포함하여 주택건설사업을 하고자 하는 경우 용적률을 완화 - 주택건설사업자는 완화된 용적률의 60/100 이하의 범위에서 임대주택을 시·도지사에게 표준건축비로 공급 (토지는 기부채납)
[도시 및 주거환경정비법] 2009.4.21. 공포	재건축소형주택은 임대주택 또는 전세주택으로 활용해야만 함 - 완화된 용적률의 일부를 재건축소형주택으로 건설하고 이를 시도지사에게 표준건축비로 공급 - 인수자는 임대주택 또는 전세주택으로 활용하여야 함

자료: 서울시 내부자료 재구성

3. 장기전세주택의 공급물량 및 가격 현황

1) 장기전세주택의 공급물량 현황

장기전세주택은 2007년 4월 30일 장지와 발산지구에 481호를 시작으로 2011년 5월 말까지 16,660호를 공급하였다. 주요 공급지역으로는 장지지구, 발산지구, 은평뉴타운, 강일지구, 상계장암지구,

신내지구, 상암지구, 반포지구, 기타 등으로 나눌 수 있는데, 반포지구와 기타 지역은 재건축 단지에서 공급된 것이고, 나머지는 택지개발지구에서 공급되었다. 공급이 많이 된 지역과 공급면적별 현황은 다음의 〈표 1-7〉과 같다. 이들 지구별로 특징을 보면, 장지지구는 송파구에 위치해 있으며 주변에 아파트 단지가 어느 정도 형성되어 있으나, 강일지구 및 은평지구는 주변지역이 새로 조성한 택지로 주변지역은 주택지로 형성돼 있지 않다. 반포의 경우 재건축 단지로 주변에 아파트 단지가 잘 형성되어 있고, 주택가격도 매우 비싼 지역이다.

〈표 1-7a〉 장기전세주택 지역별 공급현황(2010년 4월말 기준)*

(단위: 호)

지구/면적**	공급시점	$59\,m^2$	$84\,m^2$	$114\,m^2$	계
장지	'07.4.~'09.9.	782	74		856
발산	'07.4.~'07.9.	550	281		831
은평	'07.12.~'10.3.	860	2,086		2,946
반포	'09.2.~'09.5.	518	167		685
강일	'08.12.~'09.2.	1,031	328	420	1,779
상계장암	'09.5.	240	120	30	390
신내	'09.9.	640	193	108	941
상암	'10.3.	538	118	186	842
기타	'07.6.~'10.3.	343	271		614
계		5,218	3,451	858	9,884

* 자료: 서울시 주택공급과 내부 자료. 2010년 4월 말 기준
** 전용면적 기준임

〈표 1-7b〉 장기전세주택 연도별 공급현황(2011년 5월 기준)

(단위: 호)

유형		계	2011	2010	2009	2008	2007
전체	소계	16,660	1,416	7,360	3,243	2,625	2,016
	$60m^2$ 이하	9,269	713	3,682	2,007	1,351	1,446
	$84m^2$ 이하	5,627	460	2,752	1,028	817	570
	$114m^2$ 이하	1,764	243	926	138	457	
건설형	소계	15,299	1,381	7,264	2,269	2,423	1,962
	$60m^2$ 이하	8,295	696	3,586	1,288	1,295	1,430
	$84m^2$ 이하	5,240	442	2,752	843	671	532
	$114m^2$ 이하	1,764	243	926	138	457	
매입형	소계	1,361	35	96	974	202	54
	$60m^2$ 이하	974	17	96	789	56	16
	$84m^2$ 이하	387	18		185	146	38

자료: 서울시(2011: 117)

2) 장기전세주택의 공급가격 현황

서울시가 공급한 장기전세주택의 공급가격은 평형별로 차이가 있다. 평형별로 관련 법령상 설정기준에 차이가 있기 때문이다. 우선, 전용면적 $59m^2$은 국민임대주택을 전환한 것으로 전환보증금 산출식[7)]에 의해 결정되어서 실제 주변시세와는 60~70%선에서 결정되었다. 서울시가 정책적으로는 시세의 80%선을 결정하였으나 제도적 뒷받침이 되지 못해 초기 전세가격은 낮게 공급되었다. 이로 인해 2가지 문제가 제기되고 있다. 첫째는 주변 가격보다 너무 낮다는 것이다. 이것은 인기를 위해 일부러 그런 것이 아니냐는 비판까지 받기도 한다. 둘째는 2년에 한 번씩 재계약 시 인상률에

---

7) 임대주택법 시행령 제12조 제3항, 건교부고시 제2005-14호(국민임대).

제한이 있는 만큼 갈수록 시세와의 격차는 더 커질 것이라는 점이다. 즉 임대사업자인 SH공사는 임대보증금 수입이 감소하고, 주변 주택소유주에게는 전세가 인상을 부담스럽게 하는 요인으로 작용할 수 있기 때문이다. 또한 20년을 채우지 않고 중도에 퇴거하는 가구도 발생하는데, 이 경우 신규 입주자에게 대한 가격설정을 어떻게 할 것이냐에 대한 문제도 발생할 수 있다. 초기 입주가격에 준할 경우 시세와 안 맞다는 문제가 발생할 수 있고, 시세 80% 수준에 맞춰 새롭게 공급할 경우 이미 입주한 가구와의 형평성 문제도 거론될 수 있기 때문이다. 공급가격 현황을 지구 및 면적별 가격과 주변과의 비율로 살펴보면 〈표 1-8a〉와 같다.

〈표 1-8a〉 장기전세주택 공급 가격 및 주변시세 대비 비율*

(단위: 백만 원/%)

지구	공급시점	59m^2 (가격/시세비율)	84m^2 (가격/시세비율)	114m^2 (가격/시세비율)	평균 (가격/시세비율)
장지	'07.4.~'09.9.	102/64	155/78	–	129/71
발산	'07.4.~'07.9.	84/53	130/62	–	107/58
은평	'07.12.~'10.3.	98/77	127/73	–	113/75
반포	'09.2.~'09.5.	224/80	300/80	–	262/80
강일	'08.12.~'09.2.	94/63	147/80	197/80	146/74
상계장암	'09.05.	94/72	133/80	172/80	
신내	'09.9.	95/67	130/80	184/80	
상암	'10.3.	108/64	184/80	224/80	

* 시세대비 비율의 기준 시점은 전세보증금 결정시기임
자료: 서울시 내부 자료를 토대로 재구성

<그림 표 1-8b> 장기전세주택의 전세보증금 산정기준

구분		전세가격 산출기준 및 현황
SH공사 건설임대	전용 60m^2 이하 (국민임대분)	- 표준임대보증금＋표준임대료의 보증금 전환금액 전환이율: 6.7% * 상호전환 최초 전세보증금(전세가격)≤전세보증금 상한선(주택가격 - 기금지원액) - 주변 전세시세의 80% 이내 결정
	전용 60m^2 이하	상동
	전용 60m^2 초과 85m^2 이하	- 표준임대보증금＋표준임대료의 보증금 전환금액 전환이율: 5.5% * 상호전환 최초 전세보증금(전세가격)≤전세보증금 상한선(주택가격 - 기금지원액) - 주변 전세시세의 80% 이내 결정
	전용 85m^2 초과	주변시세의 80% 이내 결정 (SH공사에서 외부전문용역기관에 의뢰하여 주변전세시세 조사)
재건축(역세권)매입임대		주변시세의 80% 이내 결정 (SH공사에서 외부전문용역기관에 의뢰하여 주변전세시세 조사)

자료: 서울시(2011: 110), SH공사: 장기전세주택 종합업무 매뉴얼

4. 장기전세주택의 공급계획

1) 장기전세주택의 공급원 및 공급계획

서울시는 장기전세주택을 2007년 최초 공급한 이후 2011년 5월까지 16,660호를 공급하였으며, 전체 평균 입주 경쟁률은 9.1 대 1이고 최대경쟁률은 156 대 1이다. 이러한 수요에 대응하고 일정 정책효과를 달성하기 위하여 장기전세주택의 공급물량 확보가 가장 시급하다. 현재 장기전세주택은 SH공사가 택지개발사업 등을 통해 직접 건설하여 공급하는 유형과 재건축임대주택을 매입하여 공급하는 2가지 유형이 있다. 새로운 공급원 창출로 2011년 이후

에도 지속적인 공급물량 확보를 위해 서울시는 노력하고 있으나 택지자원의 한계로 인해 기존 장기전세주택 공급원만으로는 공급량의 지속적 확보에 한계가 있으며, 정부의 재건축규제완화 조치가 시행되면 재건축 매입물량의 감소가 불가피한 상황이다. 이에 새로운 공급원 창출을 위한 노력도 추진 중이다. 역세권의 지구단위계획구역이나 재정비촉진지구에서 민간부문 시프트 공급을 발표하였으며, 그 외 준공업지역 및 역세권재개발·재건축사업 등에서도 장기전세주택을 공급하는 방안 등을 발표하는 등 2018년까지 누적 13만 호의 장기전세주택을 공급할 계획이다.

<표 1-9> 연차별 공급물량계획

총계	2007~2010					2011~2018
	소계	2007	2008	2009	2010	
132,094	18,128	2,016	2,625	3,243	10,244	113,966

자료: 서울시 내부자료(2007년 기준)

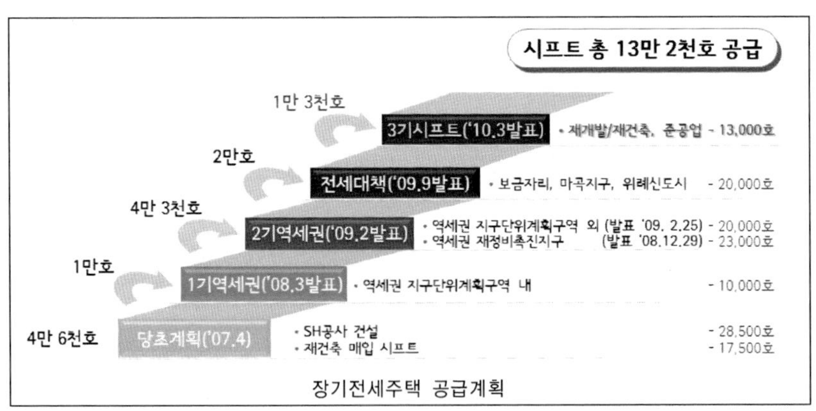

자료: 서울시 내부 자료

<그림 1-1a> 장기전세주택 공급확대 물량

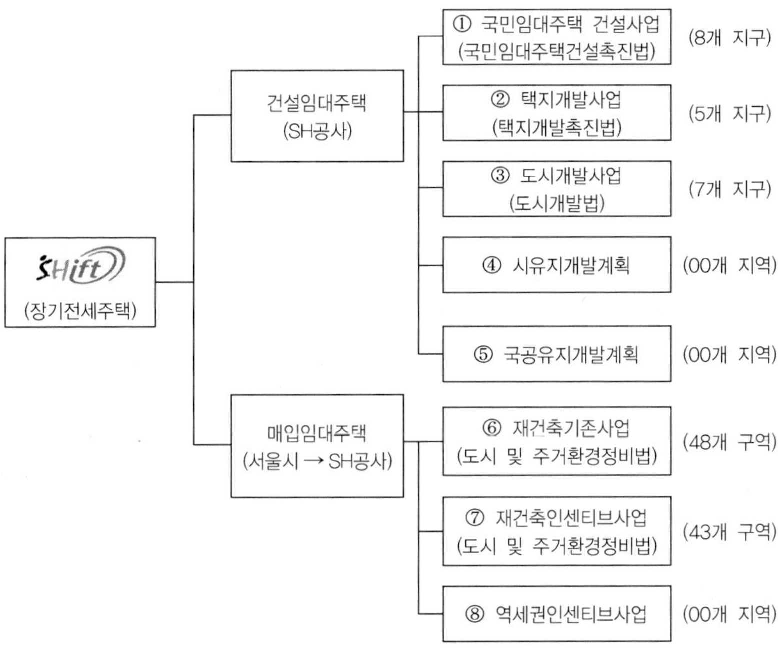

* 서울시 내부자료 참조(2009)

〈그림 1-1b〉 장기전세주택 공급 및 운영 주체

2) 역세권 민간부문 장기전세주택 공급방안

역세권 민간부문 장기전세주택 공급은 SH공사 건설형과 재건축 매입형 이외의 추가 장기전세주택 공급 방안을 강구한 것으로, 용적률 인센티브 부여로 민간주택사업 유도와 일정 인센티브를 장기전세주택으로 환수하는 것이다. 역세권에 장기전세주택을 확대하는 이유는 기반시설이 양호한 지역에 직주근접형 주택공급으로 교통 인프라의 추가건설 없이 신규 주택확보가 가능하도록 하는 데 있다.

〈표 1-10〉 역세권 장기전세주택 공급방안 비교

구분	역세권 주거지역		역세권 재정비촉진지구
	제1차 공급방안	제2차 공급방안	
대상지역	지구단위계획구역 內	지구단위계획구역 以外	역세권 內 재정비촉진구역
용도지역	제2종 일반주거지역~준주거지역		
역세권	역승강장 중심으로부터 반경 500m 이내 지역		
대상지	3천㎡ 이상 100세대 이상	5천㎡ 이상 100세대 이상	제한 없음
적용대상	139개 지구단위계획구역	역세권 283개소	22개 재촉지구 역세권
사업수단	주택건설사업, 건축허가	주택건설사업, 건축허가, 도시환경정비사업	재개발사업, 도시환경정비사업
완화범위	① 용도지역 상향 ② 용적률 완화(용도지역 상향 후) ③ 노후도 완화: ⇒ 2/3 → 1/2 이상 ④ 도로사선제한 완화		① 용도지역 상향 ② 용적률 완화(용도지역 상향 후) ③ 노후도 완화: 촉진지구이므로 불필요 ④ 높이제한 완화: 현 조례상에서도 가능
완화조건	① 미래형 주거단지조성을 위한 주요 정책 적용 ② 임대주택확보: 증가용적률 50%		① 미래형 주거단지조성을 위한 주요 정책 적용 ② 임대주택확보: 증가용적률 50% ※ 촉진계획에서 전체 세대 수의 17%를 임대주택으로 기확보
추진절차	민간이 자치구에 계획안 사전사문신청 ⇒ 도시·건축공동위원회 자문 ⇒ 건축위원회 심의 ⇒ 결정		구청장이 주민의견을 수렴하여 계획변경신청 ⇒ 도시재정비위원회 심의 ⇒ 계획변경결정

자료: 서울시 내부자료

① 제1차 역세권 민간시프트 공급확대방안

서울시는 2008년 3월 18일 기자설명회를 통해 지하철역에서 도보 7분 이내 거리에 입지하여 보행접근이 양호하고 편리한 교통·생활여건을 갖춘 역세권 지역에 장기전세주택 1만 호를 추가 공급한다고 발표했다. 민간 주도로 이루어지는 제1차 방안은 역세권지역에 일반주택을 건설하려는 민간사업자에게 '용적률 상향'이라는 혜택을 부여하는 대신, 이로 인한 개발 이익의 일정 부분을 '장기전세주택' 공급용으로 시가 매입, 환수하는 방식이다. 이렇게 되면 서울시 역세권에 총 1만 호의 장기전세주택과 3만 호의 일반분양 주택 등 총 4만 호의 주택이 건설될 것으로 전망하였다.

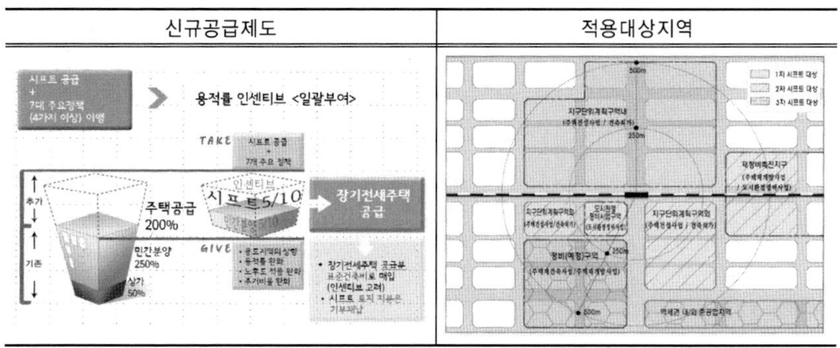

자료: 서울시 내부자료

〈그림 1-2〉 1차 역세권 민간시프트 공급확대방안

    1차 방안 발표 이후 구체적인 절차를 진행 중인 곳은 마포구 지하철 6호선 대흥역 역세권인 '대흥지구 제1종 지구단위계획'으로 2008년 12월 11일 결정고시가 완료되었다. 계획내용은 장방형으로 긴 대상지를 감안, 4개의 특별계획구역으로 구분하였으며, 장기전세주택을 건립 시 준주거지역으로 용도지역을 상향하고 용적률 500%, 최고 높이 80m 이하로 결정하였다. 현재 각 특별계획구역별로 주택건설사업을 위한 지역조합 구성을 추진 중이다. 4개 블록에 모두 건축이 이루어지면 장기전세주택 338세대, 일반분양 794세대 총 1,132세대가 공급될 것으로 예상된다.

    이와 더불어 용산구 '용산 제1종지구단위계획구역' 내 지하철 4·6호선 삼각지역 역세권인 문배지구 특별계획구역 C블록 (주)오리

온부지에 대한 세부개발계획이 용산구청에 접수되어 시·구 관련부서 협의를 거쳐 2009년 3월 18일 도시·건축공동위원회의 사전자문을 받아 놓은 상태이다. 앞으로 장기전세주택 106세대, 일반분양 195세대 총 301세대가 공급될 계획이다.

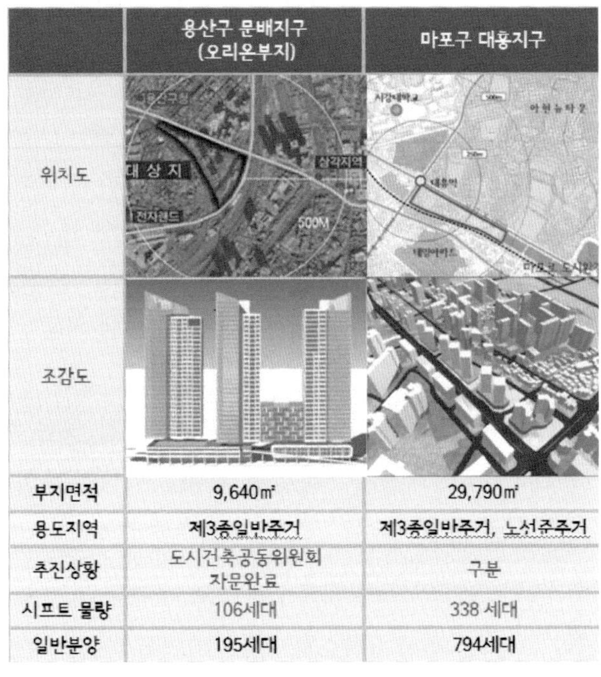

자료: 서울시 내부자료

〈그림 1-3〉 1차 시프트 예정지역

② 제2차 역세권 민간시프트 공급확대방안

서울시는 지구단위계획구역으로 지정되지 않은 곳을 포함하여 서울시내 모든 역세권에 장기전세주택 공급이 가능한 제2차 역세권 민간시프트 공급확대방안을 발표했다(2009.2.25). 이를 통해 예상되는 역세권 장기전세주택 추가 공급량은 2만 호이다. 역세권 지역에 장기전세주택을 확대 보급하기 위해 민간시행자가 역세권 주거지역에서 주민제안 형식으로 지구단위계획을 수립하면 이를 통해 용적률을 완화해 주고 그중 일부를 장기전세주택으로 공급할 계획이다. 이는 2008년 3월 18일 발표했던 1차 방안을 확대 발전 시킨 것으로서 용적률을 최대 500%까지 완화해 주고 그중 5/10에 해당하는 용적률만큼 장기전세주택으로 공급받는 방식은 같지만 지구단위계획구역만 해당됐던 대상지 범위가 서울시내 모든 역세 권으로 확대됐다는 점에서 추가 공급 가능성이 높아졌다. 사업방식 도 기존의 주택건설사업(건축허가분 포함)과 더불어 공간위계상 가 능한 지역은 도시환경정비사업 방식으로도 추진이 가능하다.

③ 제3차 민간시프트 공급확대방안

서울시는 2009년 시 내외부 전문가로 특별추진팀을 구성하여 준 공업지역과 역세권 재개발·재건축 정비사업 시 용적률 완화를 통 해 장기전세주택을 공급도록 하는 방안을 책하여 2010년 3월 11 일 추진방안을 발표하였다.

제2절 장기전세주택의 정책적 특성

1. 장기전세주택의 특징

1) 마케팅 이론 관점에서의 특징

고전적인 마케팅의 4P 관점에서 볼 때 장기전세주택은 기존의 주택상품과는 다른 다양한 특징을 나타내고 있다. 우선 생산물(Product)의 관점에서 기존의 주택상품과는 다른 상품으로서 '장기전세주택'을 공급하였다. 기존 임대주택의 월세 방식과는 다른 '전세' 형태의 상품을 출시하였으며, 전세형 임대와 달리 아파트 형태로 제공하였다. 기존 임대주택도 일부 세대의 경우 임대료 전체를 보증금으로 전환할 수 있으나, 입주자 모집공고 시 기본형이 월세라는 점에서 차이가 있다. 또한 민간전세시장의 2년이라는 기간과 달리 최대 20년을 보장함으로써 장기간의 안정성을 추구하였다. 기존의 임대주택이 소형 평형이라는 일률적인 평형대 구성에서 다양한 평형대를 구성하였으며, 분양주택과 호별 혼합을 시도하면서 분양주택과 동일한 품질을 얻을 수 있었다. 이처럼 장기전세주택은 틈새시장을 공략한 상품이라고 할 수 있다.

다음으로 장소(Place)와 관련하여 기존의 임대주택과 달리 매입형의 경우 도심 양호한 택지에 위치하는 경우가 많고 건설형의 경우 분양주택, 택지지구, 재건축 지역 등에 건설되어 기존 임대주택이 변두리 등에 위치한 것과 차별화된다.

가격(Price)에 있어서도 주변 전세보다 80% 이하의 저렴한 가격으로 공급되며 분양주택 또는 매매가격과 대비 시 30~40%선에서 공급이 이루어지고 있다.

마지막으로 홍보(Promotion) 면에 있어서도 다양한 방식을 선택하였다. 광고, 신문보도 등으로 새로운 주택으로 브랜드 이미지를 제고하였으며, 계획적인 마케팅 활동을 지속적으로 추진하였다. 다양한 매체를 활용함으로써 Shift, 장기전세주택 등 다른 용어를 통한 새로운 주택형태로 각인시키는 효과를 가져와 기존 임대주택이 가졌던 부정적 이미지, 슬럼 등에서 탈피하려고 노력한 것으로 볼 수 있다. 홍보에 있어서도 다른 브랜드들에 비해 적은 비용으로 큰 효과를 얻고 있다. 장기전세주택의 홍보비는 연간 15억에서 25억 정도이며, 이것은 SH공사의 전례보다는 많은 금액이지만 민간주택의 경우 새로운 브랜드 런칭광고 시 연간 300억 원 정도 집행하는 것[8]과 비교해 보면 많지 않은 금액이다. 반면, 그동안 임대주택 홍보예산이 거의 없었다는 점과는 대조된다는 지적도 있다.

〈표 1-11〉 보도자료 제공 및 보도현황

(단위: 건)

구분	계	2007년	2008년	2009년	2010년
보도자료 건수	51	10	14	19	8
보도 건수	3,123	347	710	1,450	616

자료: 서울시 내부자료(2010년 5월 말 기준)

---

8) 아파트 분양대행사 및 광고대행사 관계자와의 인터뷰.

〈표 1-12〉 매체별 광고 횟수

(단위: 건)

구 분	신문	방송	소계
소계	1,063	226	1,289
2007년	288	59	347
2008년	590	120	710
2009년	185	47	232

자료: SH공사 내부자료

〈표 1-13〉 연도별 매체별 장기전세주택 홍보비 내역

(단위: 천 원)

구분	신문광고	인터넷광고	방송광고	옥외광고	합계
2007년	389,545	73,790	732,633	207,016	1,402,984
2008년	776,164	18,510	1,255,857	839,540	2,890,071
2009년	1,044,202	48,500	482,000	1,260,910	2,835,612
2010년	128,689	−	1,155,662	272,623	1,556,974
합계	2,338,600	140,800	3,626,152	2,580,089	8,685,641

자료: SH공사 내부자료(2010년 5월 말 기준)

2) 다양한 사업추진법령의 활용

장기전세주택사업을 지역 및 지구별로 적합한 법령에 의해 추진함으로써 원활한 공급을 위해 노력하였다. 장지지구나 발산, 상암, 강일지구는 택지개발촉진법에 의해 사업을 추진하였으며, 은평이나 마곡지구와 같은 경우는 도시개발법을 통하여 사업을 추진하였다. 또한 신정3지구, 세곡, 마천, 우면2지구와 같은 지역에 있어서는 국민임대주택 건설 등에 관한 특별법을 활용하였으며, 보금자리지구 내에 공급되는 경우 보금자리주택 건설 등에 관한 특별법을 활용하였다. 또한 매입형 장기전세주택을 공급한 양재동과 묵동의 경

우 주택법에 의해 사업을 추진하는 등 다양한 근거 법령에 의하여 사업을 추진하는 특징을 가지고 있다.

2. 장기전세주택의 재정모델

1) 건설형 장기전세주택의 모델

건설형 장기전세주택의 재정모델은 2012년까지 공급하고 2036년까지 운영한다는 가정하에 2012년까지 총 1조 8,000여억 원의 재원마련이 필요하지만, 장기적으로는 1조 7,000여억 원의 수익이 있는 것으로 분석된다. 초기 필요 재원은 기존 SH공사 수익금으로 우선 활용하고 장기전세주택사업 기간 동안 발생되는 수익으로 이를 상쇄시킬 수 있으므로 재정상의 문제는 없을 것으로 예측하고 있다.

현재 SH공사에서 추진하는 사업들 중에서 장기전세주택의 공급계획이 수립되어 있는 사업을 대상으로 재정모델을 구축하는데 대상사업은 다음과 같다. 국민임대주택 건설사업은 2008년부터 2012년까지 8개 지구에서 총 1만 715호, 택지개발사업은 5개 지구에서 총 5,883호, 도시개발사업은 7개 지구에서 총 1만 2,409호를 공급할 계획으로 2012년까지 장기전세주택은 전체 사업지구에서 2만 9,007호가 공급될 수 있다.

<표 1-14> 건설형 장기전세주택사업 개요

(단위 m^2, 호)

사업유형	지구	총면적	유형	주택건설계획			
				총계	장기전세주택	분양	국민임대
전체	20개 지구	14,241,887	총계	82,084	29,007	31,540	21,537
			$85m^2$ 이상(45형)	13,162	6,981	6,153	28
			$85m^2$ 까지(33형)	27,871	7,744	20,027	100
			$60m^2$ 이하(26형)	41,051	14,282	5,360	21,409
국민임대주택 건설사업	8개 지구	3,315,425	소계	23,758	10,715	4,918	8,125
			$85m^2$ 이상(45형)	3,175	2,795	352	28
			$85m^2$ 까지(33형)	6,546	2,666	3,780	100
			$60m^2$ 이하(26형)	14,037	5,254	786	7,997
택지개발사업	5개 지구	2,402,216	소계	18,984	5,883	7,195	5,906
			$85m^2$ 이상(45형)	1,067	1,039	28	0
			$85m^2$ 까지(33형)	6,976	1,436	5,540	0
			$60m^2$ 이하(26형)	10,941	3,408	1,627	5,906
도시개발사업	7개 지구	8,524,246	소계	39,342	12,409	19,427	7,506
			$85m^2$ 이상(45형)	8,920	3,147	5,773	0
			$85m^2$ 까지(33형)	14,349	3,642	10,707	0
			$60m^2$ 이하(26형)	16,073	5,620	2,947	7,506

자료: 서울시 내부자료

건설임대주택사업 재정모델은 투자부문, 수익부문, 재원부문으로 구성된다. 우선, 투자부문은 주택건설을 위한 기본비용으로 토지를 매입하고 주택을 건설하는 데 소요되는 비용으로 구성되며, 주택에 입주가 시작되면서 발생되는 비용으로 유지관리비(수선유지비 및 화재보험료 포함)가 발생한다.

수익부문은 전세보증금과 운영수익으로 나눌 수 있다. 장기전세주택은 입주자로부터 임대료가 아닌 전세금을 입주 시 받게 되며 매년 물가상승분 정도를 증액하여 받을 수 있으며, 전세금과 증액된 전세금을 건설비용으로 사용하지 않고 운영하면 운영수익이 발생될 수 있다. 마지막으로 공공건설사업은 국민주택기금과 국고보조를 받을 수 있으며 그 외 부족한 재원은 SH공사 수익과 서울시 보조로 조달될 수 있다.

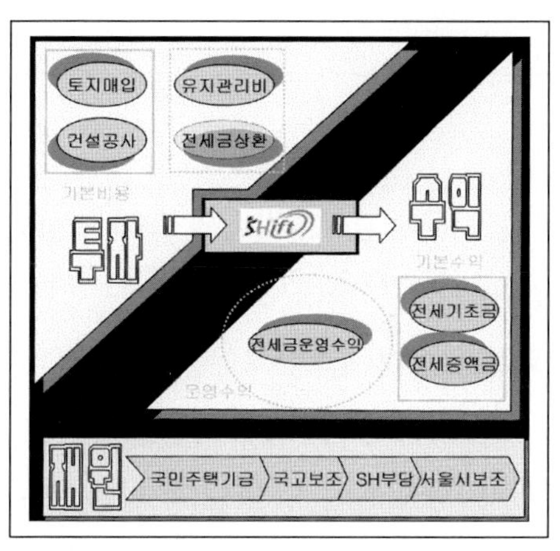

자료: 서울시 내부자료

〈그림 1-4〉 건설형 장기전세주택 재정모델

국민·공공임대주택의 투자 및 재원조달 기준에 의하고, 임대보증금은 임대보증금 및 임대료 산정과 장기전세주택의 전세보증금 산정기준9)에 의거하여 투자비를 산정해 보면, 분양주택을 장기전세주택으로 전환했을 때의 건설재원은 장기전세 전환에 따른 8,603억 원 손실 및 공사부담액이 4,957억 원 발생한다.

---

9) 시세의 80% 이하.

<표 1-15> 장기전세주택 건설재원

구분	건설 호수	투자비	장기전세주택 재원조달					분양가 총액	손실액	
			국민 기금	국고 보조	보증금	시출자	공사 부담		억 원	%
계	3,503	12,032	85	35	6,883	72	4,957	15,593	8,603	71%
60㎡	346	616	85	35	352	72	72	661	202	33%
114㎡	3,157	11,416	0	0	6,531	0	4,885	14,932	8,401	74%

자료: SH공사 내부자료

하지만 감가상각절세는 감가상각비의 24.2%(법인세율)를 적용하여 30년 감가상각을 실시하고, 수선유지비는 임대주택법에 의해 0.4%, 화재보험료는 실적용 보험료인 건물가액의 0.0065%, 기금 원리금 상환은 10년 거치 20년 균등분할 상환조건을 기준으로 유지재원을 계산할 때 당초에 분양물량의 감가상각으로 인한 절세분을 공제하면 약 707억 원을 절감할 수 있는 것으로 분석되고 있다.

<표 1-16> 장기전세주택 유지재원

구분		현금유입			현금유출				과부족 (A) - (B)
		계(A)	임대료	감가상각 절세	계(B)	수선 유지비	화재 보험료	기금원리금 상환	
유지	분양ⓐ	0	0	0	0	0	0	0	0
	시프트ⓑ	1,408	0	1,408	701	546	1	154	707
차액ⓑ - ⓐ		1,408	0	1,408	701	546	1	154	707

자료: SH공사 내부자료

2) 매입형 장기전세주택의 모델

　현재 도시 및 주거환경정비법 제30조 2항에 근거하여 재건축사업으로부터 임대주택이 의무적으로 건립되고 있으며, 도시재정비촉진을 위한 특별법 제31조에 근거하여 건립된 임대주택을 서울시가 매입하고 있다. 이렇게 매입된 주택을 대상으로 재정모델을 구축하면, 재건축임대주택의 매입가격은 건설에 투입되는 건축비와 개별공시지가 및 지가상승률을 고려한 대지지분만큼의 토지비의 합산으로 이루어진다. 단, 사업시행자가 용적률을 완화받기로 선택한 경우에는 인수자에게 그 부속토지를 기부채납하도록 되어 있다. 재정모델은 건축비와 토지비가 매입가격에 합산되는 재건축기존사업에 의한 매입임대주택과 건축비만 지불되는 재건축인센티브사업에 의한 매입임대주택으로 구분하여 구축한다.

　매입형 장기전세주택사업의 재정모델은 투자부문, 수익부문, 재원부문으로 구성된다. 모든 재정은 세입과 세출에 의해 집행되며 주택사업특별회계에서 재원을 확보하고 있다.

　우선, 투자부문은 재건축 기존사업의 경우, 세대별 대지지분에 따른 대지비용과 표준건축비를 계약면적에 따라 지불하는 건축비로 구성되고 재건축 인센티브 사업의 경우, 세대별 건축비로 구성된다. 주택에 입주가 시작되면서 발생되는 비용으로 분기별로 SH공사가 서울시에 신청하는 유지관리비(위탁수수료, 수선유지비 및 화재보험료 포함)가 있으며 사업만기시점에 전세금 상환이 발생한다. 매입계획에 따라 예산을 책정하게 되고 매입비용이 세출항목으로 잡혀 지출되고 있는 실정이다.

매입형 장기전세주택의 수익부문은 입주자로부터 임대료가 아닌 전세금을 입주 시 받게 되며 매년 물가상승분 정도를 증액하여 받을 수 있다. 전세금은 주택사업특별회계의 세입항목으로 들어가므로 운영수익이 발생하지 않은 것으로 처리한다. 재원부문은 주택사업특별회계에서 기존재건축 매입임대주택의 매입비용과 관리비용을 세출항목으로 지출하고 있다.

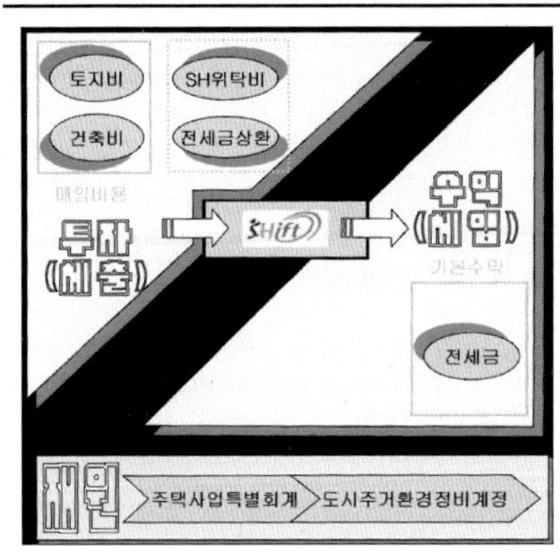

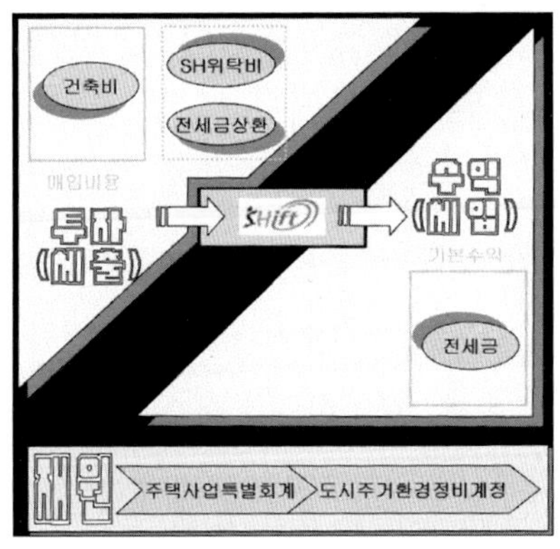

재건축기존사업 재정모델   재건축인센티브사업 재정모델

자료: 서울시 내부자료

〈그림 1-5〉 매입형 장기전세주택 재정모델

3. 장기전세주택에 대한 평가

1) 학계 등의 평가의견

(1) 장점과 의미

장기전세주택에 대한 학계의 평가가 진행되기에는 기간이 너무 짧다는 측면에서 학술적으로 이루어진 것은 적으나 대략적인 의견은 아래와 같다.

첫째, 주택정책의 지방화를 이루었다는 점이다. 그동안 주택정책은 중앙정부가 수립하면 서울시를 비롯한 지자체는 집행을 하는 구조로 진행되었다. 이와는 달리 장기전세주택은 서울시라는 지방자치단체가 사상 처음으로 새로운 상품을 기획하여 주택시장에 직접 개입[10]하였다고 할 수 있다. 기존 임대주택도 전세형으로 변환이 가능하여 기존에 시행되던 제도와 다르지 않다는 일부 비판도 있지만 국민임대주택을 전세로 전환하는 것은 LH공사의 경우 임대보증금의 일부만 허용하여 전세가 사실상 불가능하고, SH공사의 경우 허용은 하고 있으나 전환율은 25% 수준(표 〈1-17〉 참조)에 그치고 있다.

이처럼 주택의 개념에 대한 인식의 선환이라는 징책목표를 가지고 지방자치단체가 공급한 서울시의 '장기전세주택'은 주택공급의

---

10) 진미윤, 2010, "주민생활 밀착형 복지정책이 서울 시민의 복지향상에 미친 영향에 미친 효과 - 시프트 도입에 따른 주거복지 향상을 중심으로", 민선4기 지방자치 세미나 자료집, 한국지방자치학회, 14쪽.

새로운 지방자치단체의 개입모형을 만들었다고 할 수 있다. 또한, 이는 상품적 가치로 볼 때 제조과정이 혹시 유사할지라도 포장과 브랜드에 따라 다른 상품이 되는 사례로 볼 수 있으며, 서울시의 새로운 브랜드 개입모형이기도 하다.

<표 1-17> 기존 임대주택의 전세전환 현황

임대유형	대상세대	임대료/년 (①＋②)	임대료/년 부과액(①)	전세전환세대의 기본임차료				
				세대 수	전환 비율	보증금	임대료 (②)	전환 이율
계	101,015	117,596	70,046	28,855	28.57%	329,555	47,550	
영구임대	22,370	10,473	10,216	514	2.30%	926	257	6.7%
공공임대	17,432	21,722	17,780	2,447	14.04%	24,576	3,942	6.7%
주거환경	1,963	1,800	1,401	321	16.35%	2,790	399	6.7%
다가구등	1,934	1,735	837	756	39.09%	7,036	898	10.0%
국민임대	9,517	16,836	13,328	1,276	13.41%	38,577	3,508	6.7%
재개발	47,799	65,030	26,484	23,541	49.25%	255,650	38,546	9.5%

자료: SH공사 내부자료, 2010년 4월 말 기준

둘째는 정책적 목표가 '인식전환'에 관련된 것이라는 점이다. 통상 그동안의 주택공급정책은 공급대상지와 공급물량을 정하는 것 위주로 전개되었다. 이러한 과정에서 정책의 목표가 '내집마련 촉진'으로 설정된 것과도 관련이 깊다. 이에 반해, 장기전세주택은 공급물량을 배제하고 다소 추상적이지만 주택에 관한 투기와 이로 인한 주택문제를 해결하겠다는 취지의 인식전환을 정책적 목표로 내세웠다는 측면이 특징이다. 또한 장기전세주택 공급 이후 '20년 동안 전세로 거주할 수 있으면 주택을 사지 않아도 되겠다'는 인식의 변화도 어느 정도 일어나고 있다는 것도 장점으로 볼 수 있다는 지적이 있다. 또한 임대주택 건설 주변 주민들의 반대현상이 줄었다는 점도 긍정적으로 인식되고 있다.

셋째는 공공임대주택의 입주대상을 확대하였다는 점이다. 과거 저소득층 위주의 입주대상을 중대형 평형의 경우 소득제한을 철폐하여 주택을 구매하기 어렵지만 임대주택 대상도 되지 않는 중간층에게 기회를 확대하였다는 평가를 받았다. 반면, 입주대상의 형평성 등 문제가 함께 제기되고 있기도 하다.

넷째는 마케팅 기법을 주택정책에 도입하였다는 점이다. 장기전세주택은 법적으로나 큰 틀에서 임대주택임에도 불구하고, 그동안 임대주택이 가져왔던 부정적 이미지를 어느 정도 탈피했다는 평가를 받고 있다. 이러한 배경에는 명칭과 브랜드부터 기존 임대주택과 차별화하고, 언론홍보 및 광고를 통한 이미지 전환을 시도한 점이 어느 정도 성과를 거둔 것으로 분석되고 있다. 기존의 임대주택도 'SH-Ville'과 같은 브랜드를 도입한 사례는 있으나, 임대주택이라는 명칭을 그대로 사용함으로써 이미지 차별화에 성공하지 못하였고, 아파트 건물 외벽에 표시를 하여 오히려 격리현상을 초래하였다는 비판도 받아 온 것과 대비되는 점이다. 앞으로 공공정책, 특히 주택공급정책을 전개함에 있어서도 적극적인 마케팅 기법을 사용할 만한 참고사례로 볼 수 있다.

(2) 단점과 한계

장기전세주택의 단점으로는 소득제한과 형평성의 문제, 재원조달 문제 등이 지적되고 있다.

먼저, 소득제한의 문제[11]는 공공이 건설하여 시세보다 저렴한 가격에 공급되는 것과 관련이 있다. 서구의 사회주택이나 우리나라의 그동안 임대주택은 모두 저소득층 위주로 공급돼 왔다. 결국 물량이 한정돼 있는 상태에서 우선 공급대상을 선정하는 문제에 있어 형평성 문제가 함께 제기되고 있는 것이다. 그러나 소득제한의 철폐는 저소득자만이 거주하는 곳이 아니라는 인식을 확대하는 데 기여하여 장기전세주택이 임대주택의 부정적 이미지를 탈피하는 데 도움이 됐다는 의견도 함께 대두되고 있다.

두 번째는 재원조달 문제[12]이다. 장기전세주택 공급을 결정하면서 서울시는 앞으로 분양주택은 공급하지 않겠다고 선언하였다. 이와 동시에 그동안 분양물량으로 건설하던 것을 모두 장기전세주택으로 전환하였다. 그동안 분양주택의 수익금을 통해 임대주택의 재원을 마련해 오던 관행을 고려하면 새로운 재원조달 방안이 필요하다는 지적이다. 이것은 초기 SH공사 직원의 공감대를 이끌어 내는 데 어려움으로 작용하기도 했다. 분양수익금이 적어지고 부채가 늘어나면 직원들의 성과급과도 관련이 있기 때문이다.

이러한 지적에도 불구하고, 장기전세주택은 소유권이 그대로 공공에 남아 있어 주택가격 상승에 따른 자산가치가 증가된다는 장점도 있다는 의견도 있다. 그러나 단기간에 매각하기 어렵고, 재건축 등은 장기간 소요된다는 측면에서 재원조달을 부채 이외에 어떻게 안정적으로 조달한 것인가에 대한 논란이 제기되고 있는 상태이다.

---

11) 조선일보, 2010년 3월 26일 보도.
12) 박은철, 2008. 장기전세주택[SHift(장기전세주택)] 확대공급에 따른 관리 효율화 방안, 서울시정개발연구원.

2) 시장의 반응

(1) 청약경쟁률

기존 임대주택의 개념과 다른 서울시 장기전세주택은 집에 대한 개념을 사는 것에서 사는 곳으로 전환시킨 패러다임의 전환(시프트)으로 그 가치를 인정받고 있고, 실수요자들로부터 많은 관심과 호응을 얻고 있다. 13차에 걸쳐 공급된 장기전세주택은 평균 청약경쟁률이 9 대 1을 기록(〈표 1-18〉 참조)하여 무주택 서민과 중산층이 들어가서 살고 싶은 주택으로 시민고객에 의해 평가를 받고 있다. 특히 5차 장지지구 전용 $84m^2$의 경우 79 대 1을 기록하고, 9차 공급된 관악청광플러스원 전용면적 $59m^2$의 경우 156 대 1을 기록(〈표 1-19〉 참조)하여 장기전세주택에 대한 주택시장의 반응과 평가는 그동안 보금자리주택이나 국민임대주택의 청약률(〈표 1-20, 21〉 참조)보다 매우 높았다.

〈표 1-18〉 장기전세주택 평균 경쟁률

구 분	2007년	2008년	2009년	2010년 3월	합계(평균)
공급 세대 수	2,016	2,625	3,243	2,000	9,884
신청 세대 수	14,093	25,314	39,021	10,499	88,927
청약경쟁률	7.0:1	9.6:1	12.05:1	5.2:1	9.1:1

자료: 서울시 내부자료

〈표 1-19〉 공급유형별 최대 청약경쟁률

구분	최대 청약경쟁률
SH공사 건설형	5차 공급 '장지6단지' 전용 $84m^2$형 79.0 대 1
재건축 매입형	9차 공급 '관악청정플러스원' 전용 $59m^2$형 156.0 대 1

자료: 서울시 내부자료(공급시기: 5차 '08.4, 9차 '09.3)

<표 1-20> 보금자리주택(분양, 사전예약) 평균 경쟁률

구 분	2009년(시범)	2010년(1차)	2010년(2차)	합계(평균)
공급 세대 수	14,295	2,753	6,338	23,386
신청 세대 수	58,914	3,339	1,333	63,586
청약경쟁률	4.1:1	1.2:1	미달	2.7:1

자료: 언론 보도자료를 재구성(2010년 5월 말 기준)

<표 1-21> 국민임대주택 평균 경쟁률

구 분	2006년	2007년	2008년	2009년	2010년	계
단지수	2	21	15	9	2	49
공급 세대	654	4,453	3,227	1,823	323	10,480
신청 세대	1,152	4,931	13,018	8,154	2,007	29,262
청약경쟁률	1.76	1.1	4.0	4.5	6.2	2.8

자료: SH공사 내부자료 (2010년 5월 말 기준)

이처럼 장기전세주택의 청약률이 지속적으로 높아지는 데는 기존 임대주택과 여러 가지 면에서 차이가 나기 때문으로 분석된다. 우선 장기전세주택은 뛰어난 입지여건을 가지고 있다는 점이다. 건설형의 경우 대규모 택지개발지구에 건설되고, 매입형의 경우 교통여건이 매우 좋은 역세권지역에 많이 공급되었다. 둘째, 분양아파트와 장기전세주택의 구분이 없는 혼합배치의 형태를 가지고 있다. 기존 임대주택과 달리 호별 혼합을 함으로써 분양주택과 차별화되지 않는 장점을 가지고 있다. 셋째, 분양아파트와 동일한 수준의 주택품질을 유지하고 있다. 특히 매입형 장기전세주택의 경우 민간 분양아파트와 차별 없는 높은 품질을 유지하고 있다(<그림 1-6> 참조). 넷째, 장기전세주택은 분양전환되지 않는 임대주택의 하나이지만 기존 임대주택(영구임대, 국민임대, 공공임대)과는 크게 차이가 난다. 소형평형 위주에 관리가 미흡했던 기존 임대주택이 지닌 부정적 이미지를 벗어나 장기전세주택은 고급화·차별화되었으며 우수한 품질의 주택을 제공함으로써 시민고객으로부터 뜨거운 호응을 받고 있다. 특히 임대주택으로서 중형평형의 경쟁률(〈표 1-22〉 참조)보다 높은 수치를 보임으로써 단지 평수가 넓어서라기보다는 새로운 브랜드로 포장한 것이 효과를 발휘한 것으로 분석할 수 있다.

자료: 서울시 내부자료

〈그림 1-6〉 장기전세주택 조감도

〈표 1-22〉 중형 임대주택(당산 SH-ville)의 청약경쟁률 현황

신청형별	공급대상	일반공급 세대 수	신청 세대 수	청약경쟁률
계		145	268	1.85:1
59㎡(25평형)	일반공급	24	53	2.20:1
	노부모 부양세대	4	7	1.75:1
84㎡(33평형)	일반공급	101	197	1.95:1
	노부모 부양세대	16	11	0.7:1

자료: SH공사 내부자료(공급시기: '09.3.)

다섯째, 주택 임차인이 월세보다는 전세를 선호하는 우리나라 임대차문화의 사회적 현상을 반영하고 주변시세의 80% 수준에서 공급하는 경제성과 저렴한 전세보증금 인상률(연 5% 이내)로 최장

20년간 안정적 거주가 가능하다.

종합적으로, 이처럼 장기전세주택이 소비자에게 높은 인기를 얻고 있는 것은 공급자 위주가 아닌 수요자 중심의 주택공급정책이기 때문이라는 평가를 받고 있다.

(2) 고객만족도 및 인지도

① 만족도 및 인지도

일반시민과 장기전세주택 입주자를 대상으로 시프트 브랜드 선포 2주년을 맞아 정책성과에 대한 시민반응을 조사하였다. 일반시민 1,000명과 장기전세주택 입주자 1,000명을 대상으로 한 서울시의 2009년 5월 조사에 따르면 일반시민의 33.6%는 장기전세주택에 대해 잘 알고 있으며, 인지 여부로만 생각해 보면 약 75% 정도가 장기전세주택을 알고 있는 것으로 나타났다(<표 1-23> 참조).

〈표 1-23〉 장기전세주택의 인지 여부

계		잘 알고 있다	들어 본 적 있으나 자세히 모른다	전혀 모른다 (처음 들어 본다)
빈도	420	141	171	108
비율	100%	33.6%	40.7%	25.7%

자료: 서울시 내부자료

입주자를 대상으로 한 현재 거주만족도를 조사해 본 결과 장기전세주택에 대한 만족도는 약 93% 정도로 매우 높게 나타났다(〈표 1-24〉 참조).

〈표 1-24〉 거주만족도 조사결과

조사일시	매우 만족	만족	불만족	매우 불만족	만족도
2011.8.	30.4%	59.6%	8.3%	1.7%	90.0%
2010.5.	33.1%	56.6%	8.4%	1.8%	89.7%
2009.5.	43.6%	49.1%	6.2%	1.1%	92.7%

자료: 서울시 내부자료

2010년과 2011년 연속해서 조사한 결과에서도 비슷한 결과가 나타났다. 만족한다는 응답은 각각 89.7%, 90.0%로 2009년보다 다소 낮지만, 이것은 사실상 오차범위 내의 수치로 해석할 수 있다.

② 교차분석

특이할 사항은 해당 지역별로 만족도에 대한 편차가 크게 나타났는데, 반포지역의 경우 매우 만족 73.3%를 비롯하여 만족한다가 전체적으로 93.3%에 달한 반면, 강일지구의 경우 매우 만족이 10.5%로 낮게 나타났다(〈표 1-25〉 참조). 반포지역의 경우 재건축 매입형으로 우수한 입지와 아파트 건설사가 선호 브랜드인 자이와 래미안이라는 점이 크게 작용한 것으로 판단된다. 반면 강일지구의 경우 시 외곽 고속도로 주변에 신규택지로 입지하여 편의시설 등이 아직 갖추어지지 않은 점 등이 반영된 것으로 해석된다.

수득에 따른 주거 만족도는 소득이 낮을수록 매우 높고, 소득이 높을수록 대체로 높은 응답을 보였다(〈표 1-26〉 참조).

<표 1-25> 거주지역과 주거만족도 교차분석 결과

구분		은평	장지	발산	강일	반포	재건축	기타	합계
매우 만족	빈도	10	6	6	2	22	6	3	55
	집단간비율	18.2	10.9	10.9	3.6	40.0	10.9	5.5	100.0
	집단내비율	33.3	35.3	22.2	10.5	73.3	19.4	25.0	33.1
대체로 만족	빈도	20	10	19	13	6	19	7	94
	집단간비율	21.3	10.6	20.2	13.8	6.4	20.2	7.4	100.0
	집단내비율	66.7	58.8	70.4	68.4	20.0	61.3	58.3	56.6
조금 불만족	빈도	0	1	2	2	2	5	2	14
	집단간비율	–	7.1	14.3	14.3	14.3	35.7	14.3	100.0
	집단내비율	–	5.9	7.4	10.5	6.7	16.1	16.7	8.4
매우 불만족	빈도	0	0	0	2	0	1	0	3
	집단간비율	–	–	–	66.7	–	33.3	–	100.0
	집단내비율	–	–	–	10.5	–	3.2	–	1.8
전체		30	17	27	19	30	31	12	166
		18.1	10.2	16.3	11.4	18.1	18.7	7.2	100.0
		100.0	100.0	100.0	100.0	100.0	100.0	100.0	100.0

(p = 0.000)

<표 1-26a> 가계소득과 주거만족도 교차분석 결과

구 분		200만 원 미만	200~300만 원	300~400만 원	400만 원 이상	전체
매우 만족	빈도	20	20	11	2	53
	집단간비율	37.7	37.7	20.8	3.8	100.0
	집단내비율	46.5	32.3	25.6	18.2	33.3
대체로 만족	빈도	18	32	31	9	90
	집단간비율	20.0	35.6	34.4	10.0	100.0
	집단내비율	41.9	51.6	72.1	81.8	56.6
조금 불만족	빈도	3	9	1	0	13
	집단간비율	23.1	69.2	7.7	0.0	100.0
	집단내비율	7.0	14.5	2.3	0.0	8.2
매우 불만족	빈도	2	1	0	0	3
	집단간비율	66.7	33.3	0.0	0.0	100.0
	집단내비율	4.7	1.6	0.0	0.0	1.9
전체		43	62	43	11	159
		27.0	39.0	27.0	6.9	100.0
		100.0	100.0	100.0	100.0	100.0

(p = 0.043)

〈표 1-26b〉 평형별 주거생활 만족도

구 분			매우 만족	대체로 만족	조금 불만족	매우 불만족	Total
평형별	59형	빈도	25	78	15	1	119
		비율	30.6	59.3	7.8	2.3	100.0
	84형	빈도	216	418	55	16	705
		비율	32.8	58.3	7.9	1.0	100.0
	114형	빈도	125	222	30	4	381
		비율	21.0	65.5	12.6	0.8	100.0
Total		빈도	366	718	100	21	1,205
		비율	30.4	59.6	8.3	1.7	100.0

자료: 서울시(2011: 64)

③ 이유분석

만족도가 높은 이유로는 20년이라는 기간적 안정성이 가장 높게 나타났으며, 시세보다 저렴한 전세가격, 기존임대주택과의 차별성을 선택하였다(〈표 1-27〉 참조). 이는 기존의 서울시 주택시장의 문제와 일치하는 것으로 장기전세주택은 서민들의 안정적 주거에 도움을 주는 제도로 볼 수 있다.

〈표 1-27〉 장기전세주택에 대한 만족 이유(2009년)

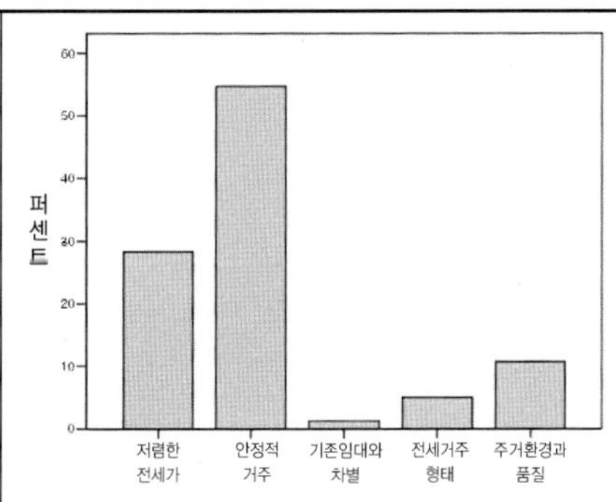

구분	빈도	퍼센트
저렴한 전세가	45	28.3
안정적 거주	87	54.7
기존임대와 차별	2	1.3
전세거주형태	8	5.0
주거환경과 품질	17	10.7
합계	159	100.0
무응답	7	

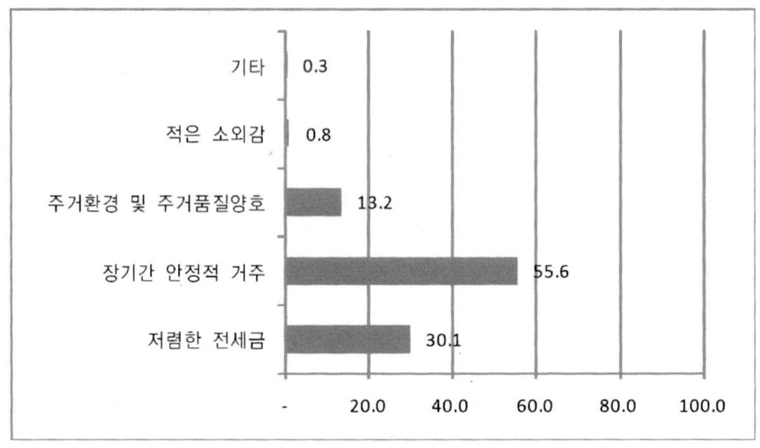

자료: 서울시(2011: 65)

〈그림 1-7〉 주거생활 만족 이유(2011년)

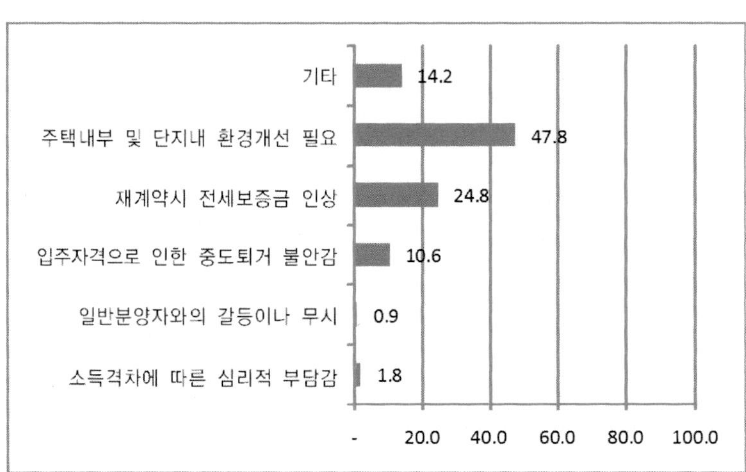

자료: 서울시(2011: 65)

〈그림 1-8〉 주거생활 불만족 이유(2011년)

제3절 장기전세주택과
다른 주택공급유형과의 특성 비교

1. 임대주택과의 특성 비교

1) 공공임대주택과의 비교

(1) 유형별 추진경과와 실적 비교

임대주택정책의 목적은 국민주거생활의 안정을 도모[13]하는 것이다. 임대주택의 종류는 건설임대주택과 매입임대주택으로 대별되고, 건설임대주택은 공공건설임대주택과 민간건설임대주택으로 나뉜다. 공공건설임대주택은 다시 영구임대주택과 국민임대주택, 기타공공임대주택으로 분류[14]된다. 이를 도식화하면 다음 〈표 1-28〉과 같다. 본 책에서는 공공이 건설하여 공급하는 주택의 유형에 한정하는 만큼 공공건설임대주택으로 비교대상을 제한한다. 장기전세주택의 경우, 법적으로 임대주택에 해당하나 본 책에서는 별도의 분류를 적용하고자 한다.

---

13) 임대주택법 제1조(목적).
14) 대한주택공사 주택도시정보센터, 주택도시핸드북, 2008, 대한주택공사, 385쪽.

<표 1-28> 임대주택의 분류

대분류	중분류	소분류	세분류
임대주택	건설임대주택	공공건설임대주택	영구임대주택
			국민임대주택
			기타 공공임대주택
		민간건설임대주택	-
	매입임대주택	-	-

자료: 임대주택법을 토대로 재구성

국내 최초의 임대주택은 1971년 대한주택공사에 의해 개봉동에 건설되었고, 이후 1972년 '주택건설촉진법'이, 1984년에는 '임대주택건설촉진법'이 제정되어 생활보호 대상자를 위한 임대주택이 건설되기 시작하였으며, 1993년 '임대주택법' 전면 개정 이후 임대주택 건설이 크게 확대되었다. 임대주택의 유형별로 추진경과와 실적을 정리하면 아래 <표 1-29>와 같다.

<표 1-29> 임대주택유형별 추진 경과와 실적

유형		건설/매입	도입시기 및 목적	평균임대료	근거	지속 여부
영구임대주택		건설	'89년 '주택200만호 건설계획'	보증금 : 250~310만 원, 월임대료 5~6만 원	임대주택법	건설 중단 25만 호 계획 - 19만 호 공급 1993년 재정압박과 일부지역 미임대가 원인
공공임대주택	50년 임대주택	건설	'92년 영구임대 대체 목적으로 도입	보증금: 490~1,550만 원 월임대료 5~23만 원	임대주택법	건설 중단 '97년 이후 재개발 시 세입자 대책목적으로 건설되는 임대주택만 존재
	5년 임대주택	건설	'93년 임대주택법 전면 개정 시 도입	시중임대료의 70~100%	임대주택법	건설 중단 '07년 이후 공급계획 물량이 없음

			도입 시기 및 근거	임대조건	법적근거	비고
국민 임대 주택	공공 건설	건설	'98년 도입, '02년 '국민임대주택 100만 호 건설계획' 본격화	보증금: 1000~1,200만 원 월임대료 13~14만 원	국민임대주택 건설 등에 관한 특별조치법	지속공급 ('98년 이후)
	다가구 등 매입	매입	'04년 '서민주거복지확대 방안'에 도입	보증금: 250~350만 원 월임대료 8~9만 원	국민임대주택 건설 등에 관한 특별조치법,	지속공급 ('04년 이후)
10년임대 주택		건설	'03년 '서민중산층 주거안정지원대책' 에 도입	–	임대주택법	지속공급 ('04년 이후)
재개발재건축의 무공공임대주택		건설	'05년 도시 및 주거환경정비법 개정 시 도입	시중전세가의 90%	도시 및 주거환경 정비법	조합의 선택사항으 로 도정법 개정
전세재임대		매입 (전세)	'05년 '임대주택정책 개편방안'에 도입	보증금: 250만 원 월임대료 12만 원	기존주택매입 임대사업업무 처리지침 (건교부)	지속공급 ('05년 이후)
중대형 주택매입임대		매입	'06년 8·31정책 1주년 부동산정책회의 시 제시	시중전세가의 90%	임대주택법	'06년 현재 19호
전월세형 임대		건설	'06년 8.31정책 1주년 부동산정책회의 시 제시	–	법적근거 없음	미시행
비축용 장기임대주택		건설	'07년 '주택시장안정과 주거복지향상을 위한 공공부문역할강화 방안'에서 제시	–	법적근거 없음	미시행
장기전세 주택			'07년 서울시주택정책으 로 도입	시중전세가의 80%	임대주택법	지속공급 ('07년 이후)

2) 임대주택의 종류별 재원 및 입주대상 비교

공공임대주택은 종류별로 비용부담과 임대기간, 입주대상, 면적 등
에 다양한 차이를 가지고 있는데, 이를 도식화하면 아래 〈표 1-30〉
와 같다.

〈표 1-30〉 공공임대주택 종류별 재원 및 입주대상

구분	유형별 (사업주체)		비용 부담	임대 기간	대상(임차인)	규모 (전용)
공공 임대	영구 및 50년 공공임대 (국가, 지자체, 토지주택공사)		− 국가·지자체 재정 (85% 이상) ※입주자부담 15%	영구	− 국민기초생활보장법에 의한 수급자(생보자) − 모자가정, 국가유공자 등 − 기타 청약저축가입자 ※주택공급에 관한 규칙 제31조	$40m^2$ 이하
			− '92∼'93 사업분 ·재정 50%, 기금 20%, 입주자 30% − '94년 이후 ·규모별로 기금지원	50년	− 청약저축가입자 − 기타 특별공급대상자 ·국가유공자, 철거민, 장애인 등 ※주택공급에 관한 규칙 제19조	$60m^2$ 이하
	국민임대 (토지주택공사, 지자체)		− 재정 10∼40% − 주택기금 40%∼50% − 사업자 10% − 임차인 10%∼30%	30년	−$50m^2$ 미만: 전년도 도시근로자 가구당 월평균소득의 70% 이하인 무주택 세대주(50% 이하인 자 우선 공급) −$50∼60m^2$ 이하: 전년도 도시근로자 가구당 월평균소득의 70% 이하인 청약저축가입자(무주택 세대주) −$60m^2$ 초과: 전년도 도시근로자 가구당 월평균소득의 100% 이하인 청약저축가입자(무주택 세대주) ※ 주택공급에 관한 규칙 제32조	$85m^2$ 이하
	장기전세 (토지주택공사, 지자체)	건설	− 국민임대와 동일	20년	− 국민임대와 동일	$60m^2$ 이하
		매입	− 시행자 100%		− 무주택 세대주	제한 없음

5년·10년 공공임대 (토지주택공사, 지방공사, 민간업체)	− 규모별로 기금지원 (85m^2 이하) ·소형(60m^2 이하) 5,500만 원 ·중형(60~85m^2) 7,500만 원 − 택지는 149m^2까지 공급	5년 · 10년	− 무주택 세대주(청약저축가입자) ※ 주택공급에 관한 규칙 제11조	149 m^2 이하

* 국민임대주택 비용부담은 지원유형별로 차이가 있음.
자료: 국토해양부(2009: 235)

　　장기전세주택과 기존 임대주택을 크게 나누어 비교할 때 가장 큰 차이를 보이는 부분은 임대료 부과방식과 입주자격, 임대기간, 분양전환 여부 등으로 분석할 수 있다.

　　첫째, 임대료 부과방식의 경우, 장기전세주택은 전세로 임대료를 100% 임대보증금으로 부과한다. 보증금이 부족한 세입자의 경우는 전세자금 대출을 알선하고 있다. 반면, 임대주택은 보증부 월세 방식이다. 즉 일정금액의 임대보증금을 부과하고 나머지 금액을 월 임대료로 부과하는 방식[15]이다.

　　둘째, 입주자격의 경우, 전용면적과 임대주택의 종류에 따라 조금씩 차이를 두고 있다. 임대주택은 공통적으로 면적과 종류에 따라 소득기준의 차이는 있으나 기본적으로 소득제한이 설정[16]돼 있다. 반면, 장기전세주택의 경우 전용면적 $60m^2$ 초과의 경우는 소득제한이 없다. 장기전세주택이 소득제한을 하지 않는 이유는 정책의 목표상 주택을 소유에서 거주 위주로 전환하기 위한 것으로, 무주택자라면 안정적으로 주거안정을 줄 수 있도록 하는 데 주안점이 있기 때문이다.

---

15) 임대주택법 시행령 제21조(건설임대주택의 임대보증금 및 임대료).
16) 주택공급에 관한 규칙 제31조.

셋째, 임대기간의 차이이다. 기존 임대주택은 5년에서 50년, 영구까지 종류별로 차등[17]을 두고 있다. 반면, 장기전세주택은 임대기간을 최대 20년으로 제한하였다. 5년 임대 후 분양전환을 적용하지 않았는데, 이는 소유보다 거주로 전환하기 위한 목적과 관련이 있다. 항구적으로 주지 않은 이유는, 영구임대주택 입주자가 입주자격을 상실하고도 자진해서 퇴거하지 않고 정부 또한 강제 퇴거시키기가 현실적으로 쉽지 않은 현실[18]을 고려하였고, 가능한 한 많은 사람에게 제공하기 위한 것이다. 최장 임대기간이 20년으로 설정된 것은 잠재적인 수요자가 30대 중후반에서 40대 초반인 점을 고려할 때 정년퇴직 혹은 자녀의 출가로 주거의 변화가 예상되는 시기인 50대 후반에서 60대 초반 정도까지임을 고려한 것이다.[19]

넷째, 분양전환 여부이다. 임대주택은 종류에 따라 5년이 경과하면 분양전환할 수 있는 반면, 장기전세주택은 분양전환이 불가하다. 이러한 특징을 도식화하면 아래 〈표 1-31a〉와 같다.

〈표 1-31a〉 장기전세주택과 기존 임대주택의 주요 특징 비교

구분		장기전세주택	기존 임대주택	비고
임대료 부과방식		전세	보증부 월세 (일부 전세전환가)	
임대기간		최대 20년	영구, 50년, 30년, 10년, 5년	
입주 자격	60m^2 이하	평균소득 70%(동일) 이하	좌동	
	60m^2 초과	소득제한 없음[20]	평균소득 100% 이하	소득제한 폐지
실입주자		저소득＋중산층 확대	저소득	중산층으로 확대
이미지		중산층(차별화)	기피시설(슬럼)	저급 이미지 탈피
평형		중대형(대형 일부)	소형 위주	면적확대

자료: 임성은(2009: 18)을 토대로 일부 보완

---

17) 임대주택법 제16조, 동법 시행령 제13조.
18) 대한주택공사 국회 국정감사 답변자료 등.
19) 장기전세주택 제안서(부록 3) 참조.

<표 1-31b> 공공건설 장기전세주택 입주자격(수정, 2011.7. 현재)

구분	유형	입주자격조건
공공 건설 임대	60㎡ 미만	- 서울시 거주 무주택자 - 도시근로자 가구당 월평균소득의 70% 이하인 자(3인 이하 가구 2,805,360원 이하, 4인 가구 3,112,900원 이하 5인 이상 가구 3,296,830원 이하) - 총 보유부동산(토지 및 건축물) 가액 합산기준 12,600만 원 이하 (토지가액: 소유면적×개별공시지가, 건축물가액: 과세표준액) - 자동차: 현재가치 기준 2,467만 원 이하 - 청약저축 가입자 - 일반공급자: 만 65세 이상인 자 - 우선 공급자: 장애인, 3자녀 세대, 영구임대주택 입주자 중 자격상실자, 비닐간이 공작물, 거주자 등 국가유공자, 신혼부부 등
	65㎡~ 85㎡	- 서울시 거주 무주택자 - 도시근로자 가구당 월평균소득의 150% 이하인 자(3인 이하 가구 6,011,500원 이하, 4인 가구 6,670,510원 이하 5인 이상 가구 7,064,640원 이하) - 총 보유부동산(토지 및 건축물) 가액 합산기준 215,500,000원 이하 - 청약저축가입자 - 일반공급(고령자) - 우선 공급(노부모 부양자/3자녀가구)
	85㎡ 초과	- 서울시 거주 만 20세 이상인 자(세대주인 경우 만 20세 미만 포함, 2, 3순위 신청자 중에서 유주택자는 당첨 시 입주 전일까지 주택을 소유한 세대에 속한 자 모두의 소유주택을 처분하여야 입주 가능함) - 도시근로자 가구당 월평균소득의 180% 이하인 자(3인 이하 가구 7,213,800원 이하 4인 가구 8,004,610원 이하 5인 이상 가구 8,477,570원 이하) - 총 보유부동산(토지 및 건축물) 가액 합산기준 215,500,000원 이하 - 특별공급: 3자녀 이상 가구, 4자녀 이상 가구
재건축		- 서울시 거주 무주택자 - 도시근로자 가구당 월평균소득의 100% 이하인 자(3인 이하 가구 4,007,670원 이하, 4인 가구 4,447,000원 이하 5인 이상가구 4,709,760원 이하) - 총 보유부동산(토지 및 건축물) 가액 합산기준 126,000,000원 이하 - 자동차: 현재가치 기준 24,670,000원 이하 - 우선 공급대상: 전년도 도시근로자 가구당 월평균소득 70% 이하 자, 3자녀 이상 가구(전용 85㎡ 이하), 노부모 부양자 - 특별공급대상: 신혼부부

자료: 서울시(2011: 17)

---

20) 공급 당시에는 소득제한이 없다가 이후 수정. 수정된 입주자격은 표 1-31b, 1-31c 참조.

〈표 1-31c〉 소득분위별 장기전세주택 입주자격

소득계층 (소득분위)	도시근로자가구 평균소득 대비	장기전세주택(SHift)		기존 공공임대주택
		전년도 도시근로자 가구당 월평균소득대비	공급 규모	
고소득층 (소득 9~10분위)	150% 초과	180% 이하	- 건설형 전용 85㎡ 초과	
중산층 (소득 7~8분위)	100% 초과~150%	150% 이하	- 건설형 전용 60㎡ 초과 85㎡ 이하	시장에서 해결
			- 재건축 매입형 전용 60㎡ 초과	
중산화 가능 계층 (소득 5~6분위)	70% 초과~100%	100% 이하	- 재건축 매입형 전용 60㎡ 이하	국민임대주택 (전용 60~85㎡)
저소득층 (소득 2~4분위)	30% 초과~70%	70% 이하	- 건설형 전용 60㎡ 이하	국민임대주택 (전용 60㎡ 이하)
빈곤층 (소득 1분위)	30% 이하		- 재건축 매입형 전용 60㎡ 이하(우선 공급)	50년 공공임대주택 (재개발·주거환경) 영구·매입임대주택

자료: 서울시(2011: 17)

3) 민간전세주택과의 비교

우리나라의 주택시장에는 민간소유주택에 전세시장은 22.4%[21]로 매우 발달돼 있다. 장기전세주택 또한 그동안 민간주택시장에서 발달된 형태인 '전세' 제도에서 비롯된 만큼, 양 제도를 비교해 보는 것도 의미가 있다.

장기전세주택이 민간전세주택과 비교했을 때 가장 큰 차이는 임

---

21) 국토해양부, 2009, 주택업무편람, 385쪽.

대기간과 임대료 인상한도이다. 먼저, 계약서상 표면적인 임대기간
은 2년씩 동일하지만, 장기전세주택은 최대 20년까지 거주가 보장[22]
된다. 반면, 민간전세주택은 집주인의 이주, 소유주의 매각에 따른
변동 등으로 인해 통상 2~4년 정도의 거주기간에 그치고 있다.

둘째, 임대료 인상한도의 경우, 장기전세주택은 2년간 5% 이하
로 제한[23]되는 반면, 민간전세의 경우 특별한 제한을 두지 않고
있다. 실제 전세가격의 인상률은 2006년의 경우 9.8%, 아파트의
경우 11.5%[24]를 나타내는 등 인상률이 매우 높은 현실이다.

셋째, 임대보증금의 시세 대비 비율도 큰 차이를 나타내고 있다.
민간전세는 기본적으로 시장원리에 의해 자율적으로 결정되는 반
면, 장기전세주택은 시세의 80% 이하를 원칙으로 설정[25]하였고,
실제 공급가격은 최저 58%까지 공급[26]되고 있다. 이에 따른 임대
보증금의 차이도 존재한다.

종합적으로, 장기전세주택은 최초 입주시기의 임대보증금이 저
렴하고, 추후 임대료 인상률도 낮으며, 임대기간이 장기간 보장되
는 등 전반적인 측면에서 민간전세보다 장점이 많다고 할 수 있다.
이러한 내용을 도식화하면 아래 〈표 1-32〉와 같다.

---

22) 임대주택법 제2조, 서울특별시 내부자료.
23) 법령상 정해진 한도는 없으나, 관행적으로 2년간 5% 이내로 제한하여 운영 중.
24) 국토해양부, 2009, 주택업무편람, 391쪽.
25) 서울특별시 주택국 내부자료.
26) 임성은, 2009, "장기전세주택의 성과와 과제", 제23회 대도시행정 세미나 자료집, 서
　　울시립대·SH공사, 5쪽.

〈표 1-32〉 장기전세주택과 민간전세주택의 주요 특징 비교

구 분	장기전세주택	민간전세주택	비고
평형	중대형	다양	유사
임대보증금	시세대비 80% 이하	시세	장기전세 저렴함
입주대상	특정기준(무주택 세대주 등)	제한 없음	
임대기간	최대 20년	2년 (갱신 가능, 현실적으로 장기거주 어려움)	장기전세 유리
임대료 인상한도	연간 5%	제한 없음	장기전세 유리
퇴거조건	항시 가능	기한 내: 중개료 부담, 임차인 설정 후 가능 기한 후: 사실상 임차인 설정 후 가능	

자료: 임성은(2009: 17)을 토대로 일부 보완

2. 분양주택과의 특성 비교

1) 분양주택과의 비교

공공이 주택을 공급한 방식은 크게 분양과 임대 2가지로 나뉜다. 분양과 임대의 공급 추이를 보면, 1996년까지는 분양이 많았다가, 그 이후로 임대가 많으나 아직도 여전히 분양주택을 계속 공급하고 있는 실정이다.

공공의 주택분양과 관련하여 여러 가지 쟁점들이 존재하였고, 여전히 논란과 수정과 재수정 등 과정을 거쳐 왔다. 먼저 쟁점을 살펴보면 분양가격, 공급대상 등으로 나눌 수 있다. 공급대상의 경우는 다시 신청자격과 입주자 선정방법 등이 쟁점사항이며, 기타

국민주택채권 구입 여부 및 청약가점제 적용 여부 등이 제도의 여러 변천과정을 거쳤다.

첫 번째 쟁점은 신청자격과 관련한 부분이다. 공공이 분양하는 주택 중 국민주택 등의 경우 무주택자로 청약저축 가입자라는 대원칙은 크게 변함이 없으나, 신청자격에서 소득제한 여부와 제한을 할 경우 어느 정도 수준으로 할 것이냐가 쟁점사항으로 거론돼 왔다. 장기전세주택을 이 부분과 비교할 경우 무주택 세대주라는 측면은 공통적이나, 소득제한 여부는 공급면적별로, 주택의 유형별로 다소 차이가 있다.

두 번째 쟁점은 공급가격이다. 분양가격의 경우 공공이 공급하는 주택 외에도 분양가 규제와 분양가 자율화, 분양가 상한제 등 과정으로 계속 변동해 왔다. 공공부문이 분양가격을 두고 논란을 벌이기 시작한 것은 분양가 자율화 이후이다. 논란의 핵심은 적정 이윤을 얼마로 할 것인가와 관련이 있다. 공공의 특성상 특정인의 영리목적은 아니지만, 공공개발을 하는 과정에서 발생하는 이익과 시장가격과의 격차를 어느 정도로 할 것인가와 연계되는 문제이다. 즉 원가수준에서 적정한 이윤을 추가할 경우 시세와의 격차가 커서 '로또복권' 식의 평가와 개발이익환수에 대한 비판이 제기된다. 시세수준으로 공급할 경우 주변시세를 자극하여 주택가격 인상을 견인한다는 비판을 받는다. 이러한 상황에서 주택투기 방지를 위해 전매제한이나 채권입찰제 등 제도가 보조수단으로 함께 시행되었다.

무엇보다도 분양방식과 장기전세주택은 정책의 목표 혹은 주택공급의 이유부터 다르다고 할 수 있다. 이러한 항목 중심으로 두 제도를 비교하여 도식화하면 아래 〈표 1-33〉과 같다.

<표 1-33> 장기전세주택과 분양주택의 주요 특징 비교

구분	장기전세주택	분양주택	비고
정책의 목적	주택에 대한 인식의 전환	내집마련 촉진	
공급형태	임대	분양(매매)	
공급의 주체	서울시, SH공사	정부, 토지주택공사, 지자체, 지방공기업	
공급대상	좌동	무주택 세대주	전용 85㎡ 이하
개발이익환수	100% 환수 (공공이 소유하여 전가 안 됨)	전매제한 등	전세 유리
공급가격	주변 전세시세의 80% 이하	1) 주변 매매시세수준 2) 원가＋알파	
재원조달	전세보증금, 재정지원 등	분양수익	

자료: 임성은 (2009: 22)를 토대로 재구성

2) 보금자리주택(분양)과의 비교

보금자리주택은 정부가 국민임대주택과 그동안 분양공급방식 등을 종합적으로 개선한 방안이다. 정부는 저소득층의 주거불안 해소 및 무주택 서민의 내집마련을 촉진하기 위해 보금자리주택 150만 호 건설계획을 발표[27]하였다.

보금자리주택의 개념은 물량 위주의 임대주택 건설에서 벗어나 임대료가 시세의 30%인 영구임대를 비롯하여, 소득·선호도에 따른 전세형, 지분형 등 다양한 임대주택과 내집마련 촉진을 위해 기존 분양가보다 15% 이상 저렴한 중소형 분양주택 등을 보금자리주택으로 통합·공급하는 것이다. 여기서는 분양주택을 위주로 장기전세주택과 비교하고자 한다. 기존 분양주택과 보금자리주택의 가장 큰 차이는 분양가격의 차이인데, 가격대를 저렴하게 공급하는

---

27) 국토해양부, 2009, 주택업무편람, 199쪽.

것으로 변경한 이유로는 무주택 서민들의 자가보유를 촉진하기 위한 것으로 저렴한 주택의 대량 공급과 부담 완화를 위한 지원이 필요[28]하기 때문이다.

앞서 비교한 분양방식과 달리 보금자리주택과 장기전세주택을 비교하면 크게 분양가격 책정과 이에 따른 개발이익환수 효과, 공급가격에 따른 초기 비용부담 등에서 가장 큰 차이가 난다고 할 수 있다.

첫째, 분양가격 책정에 있어 보금자리주택은 주변시세보다는 원가수준에 맞춰 공급하는 정책을 채택했다. 즉 그린벨트를 해제한 택지를 활용하는 만큼 저렴한 토지비용을 바탕으로 주변시세의 50~75% 수준에 공급하겠다는 계획이다. 이 경우 시세차익은 발생하지만 투기가 우려돼 전매제한이라는 제도를 보완책으로 내놓았다. 그러나 전매제한도 일정기간 후에는 매도가 가능한 만큼 특정인에게 개발이익이 돌아가는 현상은 유사하다는 지적도 있다.

둘째, 초기비용의 부담이다. 장기전세주택은 공급면적 $85m^2$ 이하를 기준으로 2억 이하의 비용으로 가능한 반면, 보금자리주택은 3~5억 정도로 추정되어 무주택 서민이 부담하기에는 다소 부담스런 금액이라는 비판도 지속적으로 제기되고 있다.

보금자리주택과 장기전세주택을 비교하여 도식화하면 다음 〈표 1-34〉와 같다.

---

28) 국토해양부, 2009, 주택업무편람, 198쪽.

<표 1-34> 장기전세주택과 보금자리주택(분양)의 주요 특징 비교

구분	장기전세주택	보금자리주택(분양)	비고
정책 기조	자가 및 공공임대 병행	자가소유(보유) 촉진	
분양가 책정	쉬움 (주변시세 연동)	어려움 원가수준: 로또 논란	장기전세 유리
개발이익 환수	100% 환수	어려움 (전매제한하더라도 일정 기간 후에는 환수 불가)	장기전세만 가능
공급 대상	무주택 세대주	무주택 세대주	
공급 가격	2억	3~5억 (재정능력 필요)	85㎡ 이하, 강남 기준 장기전세 저렴함
공공의 수익성	개발이익(시세차익) 취득	건설, 분양수익만 일부 취득	장기전세 유리
주변 가격에 영향	가격인하 효과(부분적, 장기적)	좌동	
이주 용이성	어려움	가능	분양 유리
수익성	없음 (매각, 임대 불가)	있음 (매각, 임대 가능)	분양 유리

자료: 임성은(2009: 22)

제 2 장

주택문제와 정부의 개입

제1절 주택정책과 공공개입

1. 주택정책의 개념과 공공개입

1) 주택정책의 개념과 사회사상

주택은 인간에게 필수적 요소인 의식주(衣食住) 중 하나로 매우 중요한 요소이다. 주택이란 인간의 주거목적으로 사용되는 독립된 공간으로서 단독주택, 아파트, 다세대, 다가구 주택 또는 하나의 방 혹은 몇 개의 방을 포괄하는 개념[1]이다. 원시시대에는 동굴 등과 같은 은신처(shelter)의 개념으로 출발하여 현대사회에서는 경제적 재화, 신분의 상징, 사회적 갈등의 한 부분을 차지한다. 역사적으로 산업화 이후 인구가 도시로 집중하면서 주택은 정부가 해결해야 할 중요한 문제 중 하나로 부각됐으며, 현대국가들은 주택보급률이나 자가보유율 등 주택 관련 지표들을 국가의 복지수준을 나타내는 하나의 지표로서 사용하고 있다.

주택과 관련된 사회사상을 개략적으로 살펴보면, 주택을 통한 평등주의 사상은 인간의 자유와 선택이라는 문제와 관련하여 갈등을 유발하고 있다. 소위 도덕적 자유주의 사상과 사회민주주의적 평등주의가 지난 100여 년간 주택개혁운동에 영향을 끼쳤으나 오

---

1) L. S. Bourne, 1981, *The Geography of Housing*, London, p.46.

늘날까지 주택문제는 여전히 불평등의 문제가 해결되지 않고 있는 실정이다. 제도주의 접근은 균형과 합리적 해결방안으로 주택문제를 논의하고 있는데, 인간의 평등, 자유 그리고 권력은 때로 상호 갈등도 발생하지만, 이들 세 가지가 스스로 상쇄작용을 통하여 균형을 유지하며 질서가 형성된다고 보는 것이 제도주의자들의 철학이다.

아직 주택문제에 있어 해결되지 않은 부분은 불공평문제이다. 국가에 따라 주택의 불공평문제를 어느 정도 해소한 나라도 없지 않으나 정치적 제도 및 사상의 다양성과 인간선택의 자유 등 이유로 주택배분의 공평성 추구라는 이상은 실현되지 않고 있다. 이 시대의 모든 국가들이 직면한 주택정책적 과제가 바로 주택의 불공평 해소라 할 수 있다. 정부가 주택시장에 개입하는 방식과 주택정책을 전개하는 데 있어 몇 가지 사상적 조류에 의한 공공의 주택정책을 살펴보면 첫째, 공리주의와 리카도의 경제이론은 초기 영국에서 주택개혁의 배경이 되었다. 공리주의는 19세기 전반 영국을 지배한 사회사상으로, 자연권의 관념을 부정하고 실정법 주의를 취하고 있다. Chadwick은 이러한 공리주의 이념을 적용하여 빈민의 공적 구제를 다루는 구민법 개혁과 주택개혁을 시도하였고, 비용 편익적 접근을 1828~1854년에 주택 및 보건문제에 적용하기도 하였다. Ricardo는 분배론과 관련하여, 단순히 생산물의 분배가 아니라 가치의 분배도 생산과정과 밀접히 연계된 것이라는 것을 강조하였는데, 이 이론으로 보면 국가가 가난한 사람들을 위해 직접적으로 사회주택(공공임대주택)을 공급하기보다 산업투자를 통해 주택문제를 해결하는 것이 사회적으로 유익하다고 주장하였다. 그러나 공리주의자들의 이런 주장은 주택을 통해 발생하는 분배상의 형평성 문제와 넓은 의미의 사회 전반에서 발생되는 윤리적 문제를 간과하였고, 이러한 결함으로 인하여 사회주의적 주택접근방식이 발생하기 시작하였다.

둘째, 초기 산업사회에서 자유방임주의에 대한 이념적 대안을 제시한 것이 보수적 이상주의이다. 보수적 이상주의의 근원은 18세기 종교적인 복음주의와 박애주의 사상에서부터 시작되었다. Shaftesbury는 집 없는 부랑인들을 위한 보호 및 교육을 제공하는 운동을 전개하였는데, 박애주의적 모델주택회사(model dwelling companies)에 직접 참여하여 노동자들의 주택문제 해결을 위한 운동, 즉 노동자 동지협회(Labourer's Friend Society)의 지도자적 역할을 수행하였다.

1880년대에 들어서면서 대부분의 보수주의 지도자들은 주택문제 해결에 있어 정부의 역할을 강조하는 입장을 명확히 나타내기 시작했다. 정부가 직접적으로 주택시장에 개입하여야 하며, 주택건설을 위한 재정·행정적 지원이 따라야 된다는 주장이 지배적이었고, 19세기 말경에는 보수주의적 이상주의가 도시계획, 사회사업 등에서 널리 확산되기 시작하였다.

한편, 복지국가를 지향하는 국가의 역할에 대한 논의가 미흡하여, 주택시장의 가격체제는 주택의 사회비용과 편익을 깊이 있게 다루지 못했다는 평을 받고 있다. 이러한 점을 감안하여 공정분배에 관한 '후생경제학'이 Pigou[2]에 의해 논의되기 시작하였다.

셋째, 사회주의 사상은 19세기 물질주의, 자본주의가 지닌 사회적 불의, 계급 간 갈등에 반대하는 지식인들에 의해 탄생되었다.

---

2) A. C. Pigou, 1912, *Wealth and Welfare*, London: Macmillan, pp.160~190.

Owen은 생산수단을 공동으로 소유함으로써 이상적 사회를 탄생시킬 수 있다고 보았다. 즉 협동조합과 함께 개인소유가 아닌 공동소유를 통하여 자본주의적 생산양식을 제거할 수 있다는 주장을 펼쳤다. 노동조합 결성과 함께 주택협동조합, 세입자조합 등이 구성되어 자조적으로 공동적 주택문제를 해결할 수 있다는 것이다.

마르크스주의적 주택문제 접근은 Engels의 연구가 대표적이다. Engels는 19세기 주택에 관련된 문제들, 즉 세입자의 주거불안정, 임대료의 상승, 주택의 부족 그리고 집주인의 횡포 등을 맹렬히 비난하면서 이러한 문제의 해결책으로 사회주의적 접근이 요청된다고 주장하였다. 그는 기존의 토지, 주택의 소유권을 몰수하여 재분배하는 길을 택해야 할 것이라 제안하였으나, Proudon이 주장하는 노동자의 자가소유를 위한 상호 협력조직체 구성에 대하여서는 부정적인 입장을 나타냈다.

넷째, 사회민주적 이상주의이다. 19세기 중반 자유방임주의에 대한 비판과 함께 이상주의 물결이 일기 시작했다. 집산주의적 정치단체들이 영국뿐 아니라 독일, 노르웨이, 스웨덴 그리고 오스트리아 등에서 확산되기 시작하였고, 이러한 유럽 여러 국가들의 집산주의 이념에 기초한 정당들이 주택문제에 관심을 가지고 여러 가지 주택문제 해결방안을 논의하였다.

영국은 정부가 직접 주택을 공급하는 사회주택에 큰 비중을 두고 있는 반면, 기타 유럽 국가들은 주택금융지원수단의 강구, 자발적 주택운동 그리고 민간부문주택 등에 다양한 관심을 가져왔다. 즉 자조적 협동조합주택과 노동조합을 통한 주택공급에 오랜 전통을 지니고 있다. 또한, Owen의 환경결정론의 영향을 받기도 하였다.

고밀도임대주택과 고도의 지역사회 시설을 공급함으로써 자가소유를 성취하지 못한 사람들의 사회주의적 의식과 지역공동체의식의 형성에 도움이 될 것으로 믿었다. 결과적으로 사회의 경제법칙에 기초하여 자본주의적 생산양식을 비판하고 혁명을 통해 사회개혁을 주장하였으나 주택문제를 가장 평등하고 만족할 만한 배분을 통해 해결한 사회주의 국가는 찾아보기 힘들다는 것이다.

우리나라의 경우 국가가 직접 혹은 공사형태의 투자기관을 통해 직접 주택을 건설하여 공급하는 것은 사회주의와 이상주의의 혼합된 모델이라고 할 수 있다.

2) 주택시장에서의 공공개입

(1) 공공개입의 정당성

주택공급에 있어서 민간의 의사결정은 사회적으로 완전히 합리적일 수 없다. 따라서 공공재의 성격이 강한 주택을 시장경제논리에 의해 공급하면 사회 전체의 효율성 증대를 보장할 수 없다. 따라서 이러한 사회적 비용의 감소를 위해 공공개입이 요청되게 되며, 개인의 재산권 행사 유보 또는 제한을 일정 부분 감수해야 한다.

자원의 배분이 효율적으로 이루어질 수 있다는 것은 시장의 완전한 경쟁을 전제로 한 것이다. 하지만 현실에서는 불완전한 시장, 정보의 불균형, 외부성, 공공재 등으로 인해 완전한 시장이 실질적으로 존재하기 힘들다. 특히 비배제성과 비경합성을 갖는 공공재는 시장을 통해서는 충분한 공급이 이루어지기 힘들며 이러한 공공재의 공급은 전체적인 사회적 후생수준을 높일 수 있다. 시장에 의한 공급이 어려운 임대주택이나 저렴주택은 공공이 직접 시장에 개입하여야 하는 정당한 사유가 된다. 그러므로 소득수준이 낮은 사람을 위한 공공주택을 공급함으로써 사회복지수준을 향상시킬 수 있으며, 이는 민간시장경제하에서는 적절히 이루어질 수 없는 것이다.

또한, 공공의 개입은 공익을 실현하기 위해서 중앙 또는 지방정부가 시장에 직간접으로 개입하는 모든 행위를 말한다. 관리주의에 입각한 신공공관리는 고객지향성, 시장지향성, 성과지향성을 노선으로 하고, 신제도주의 경제학의 원리와 처방에 의존하는 바가 크다.[3] 신공공관리론은 시장주의와 신관리주의의 결합으로 볼 수 있다. 시장주의에 의하면 공공부문은 우선 가격메커니즘과 경쟁원리를 활용한 공공서비스를 제공한다.[4]

(2) 공공개입의 형태

정부개입의 형태는 크게 두 가지로 나누어 볼 수 있다.

우선 주택수요 측면의 정부지원과 보조방안으로서 주택을 필요로 하는 가구의 주택수요를 충족시키는 것이다. 이러한 수요 측면의 지원은 가구로 하여금 주택에 대한 구매력을 직간접적으로 증대시키는 것을 목적으로 하고 있다. 하지만 주택이라는 재화의 특성상 다른 재화에 비해 비탄력적이고 수요와 공급에 시차가 존재하기 때문에 급격한 구매력의 상승은 주택가격과 임대료를 상승시

---

3) 상남규, 2010, "도시재생사업에서의 협력적 사업시행방식과 절차개선에 관한 연구", 서울시립대학교 박사학위논문, 28~30쪽.

4) John Friedmann, 1987, *Planning in the Public Domain: From Knowledge to Action*, Princeton University Press, p.191.

키는 문제점을 초래할 수 있다.

다음으로 공급 측면에서의 정부지원과 보조를 통한 공공의 개입이다. 이는 신규주택을 정부가 시장에 직접 공급하거나 주택업자나 주택 관련 산업에 대해 지원하는 방식을 취하고 있다. 공공의 지원을 통해 주택의 공급가격을 저렴하게 하고, 주택건설에 따른 제도적인 지원으로 주택공급물량을 증대시키고자 하는 방안으로 소비자 측면에서 보면 주택에 대한 선택의 폭을 넓힐 수 있으며, 저렴주택의 공급을 통한 주택시장가격의 안정과 가수요 및 투기수요의 예방에 효과적이다. 하지만 주택공급의 비탄력성 때문에 단기적으로는 주택수요를 충족시키지 못하는 경우가 발생할 수 있으며, 주택공급이 크게 증대되지 않을 경우 기존 주택소유자나 주택건설업자에게만 이윤이 돌아가게 될 수 있다. 장기전세주택이나 보금자리주택 등을 공공이 직접 건설하여 공급하는 경우가 이에 해당하는데, 현재 서울의 경우, 공공이 적정가격에 주택을 공급할 수 있는 부지가 제한적이어서 공공의 직접적 주택공급으로 인한 효과가 크게 나타나지 못하고 있다. 즉 그동안 택지개발을 통해 분양주택을 공급해 왔으나 상암지구와 은평지구의 고분양가 논란에서 보듯 주택공급의 확대효과도 크지 않았고 주택문제 해결에 큰 도움을 주지 못했다. 이러한 사실은 2007년 서울시가 분양주택 공급을 중단하고, 분양예정 물량 전체를 장기전세주택으로 전환하는 계기가 되었다.

(3) 공공개입의 접근방식

주택시장에 공공이 개입하는 방식은 이론적 틀의 접근, 시장주의에서의 접근, 시장실패 차원에서 접근 등 세 가지 접근방식으로 살펴볼 수 있다.

우선, 이론적 틀 접근에 의한 공공개입의 접근방법은 크게 기능주의적 접근과 마르크스주의적 접근으로 나누어 볼 수 있다. 먼저, 기능주의적 접근방식은 사회가 균형상태로 이행된다는 전제하에서 주택정책이 산업사회가 지닌 역기능적 현상을 제거하는 데 초점을 두고 있다. 즉 국가는 사회 전체를 대표하여 인간정주환경 전반을 개선하기 위한 목적으로 개입한다는 것이다. 다음으로 마르크스주의적 접근방식은 계급 간 갈등에 기초하여 주택정책을 계급투쟁의 산물로 접근하고 있다. 즉 지배계급의 이익을 확보하는 데 국가가 개입하는 것이지, 모든 사람들의 복지적 주거환경개선을 추구하기 위해 개입하는 것은 아니라고 본다. 서유럽선진국의 사회주택 공급은 노동자계급의 주거환경 개선을 위한 끊임없는 투쟁의 산물로 인지하고 있다.

둘째, 자본주의적 접근방식에 의하면, 시장기능을 통한 주택의 생산과 배분과정에 크게 다섯 가지 문제점으로 인해 공공이 주택시장에 개입한다고 볼 수 있다. 첫째, 배분상의 문제로 시장기능에만 의존할 경우 주택이라는 희소자원이 불공평하게 배분될 수밖에 없고, 이는 지역 간, 계층 간의 갈등을 유발하는 중요한 원인이 될 수 있다고 본다. 둘째, 경제안정 및 성장에 관련된 문제로 주택의 생산과 배분이 장·단기적으로 안정돼 있지 못하면 국민경제에 큰 영향을 미치게 된다는 관점에서 비롯되었다. 즉 국가경제를 안정시키고 성장을 유지시키기 위해서는 정부개입을 통한 주택시장 및 주택 관련 산업의 안정이 필수적이라 본다. 셋째, 보다 나은 주거환경에서 인간다운 삶을 영위할 수 있도록 하려는 국가의 노력으로 이해한다. 즉 주택은 인간의 기본적 권리요 삶의 조건이기 때문에 국가가 개입하여 최소한의 주거수준을 영위할 수 있도록 하고 이를 보장하는 정책수단을 강구하는 행위를 의미한다. 불량주택 개선과 같은 것은 이러한 사례로 볼 수 있다. 넷째, 주택부족 문제 해결을 위한 것이다. 도시화가 되면서 주택이 부족하나 다른 상품과는 달리 주택시장이 순조롭게 작동하지 않고 있기 때문이다. 즉 주택건설 기간이 장기간 소요되고 주택공급의 비탄력성 때문이다. 다섯째, 빈민계층을 위한 복지정책적 목적이다. 저소득층은 시장원리대로 방관할 경우 자기 소득으로 주거마련이 어려워 정부가 정책적 차원에서 주거지원을 시행한다. Stafford[5]는 소비자의 합리성 문제, 주택시장 및 주택건설의 불확실성, 소득재분배 및 자본시장의 불완전성, 외부효과 등을 정부의 주택시장 개입 근거로 제시하였다. 서울시가 장기전세주택을 공급하게 된 것은 자본주의적 접근에 가깝다. 즉 택지개발에서 비롯된 물량 배분상의 문제, 과도한 주택가격으로 인한 경제안정의 문제 등을 중산층을 공급대상에 포함하게 된 계기로 해석할 수 있기 때문이다. 물론 장기전세주택 중 소득제한이 있는 물량은 복지정책적 목적이라는 측면에서도 자본주의적 접근에 부합하는 측면이 있다.

마지막으로 시장실패적 측면의 접근방식이다. 정상적인 시장기제가 작용하려면, 완전경쟁, 자유로운 정보의 교환 등을 필요로 한다. 하지만 주택시장은 이와 다르게 작용하고 있기에 정부의 개입이 불가피하다는 접근이다. 시장실패적 측면의 접근방식에 의하면

---

5) D. C. Stafford, 1978, *The Economics of Housing Policy*, London: Croom Helm, pp.38~73.

주택시장의 실패는 크게 다섯 가지로 분류해 볼 수 있다. 우선, 불완전경쟁 시장이라는 점이다. 현실적으로 시장에는 독점기업 혹은 과점기업이 존재한다. 이러한 독과점은 부의 편중을 심화시키며 역진적인 소득분배를 발생하게 한다. 두 번째는 정보의 불완전성이다. 주택정보의 비대칭성은 주택의 특성상 소비자들이 직접 관찰하거나 실험해 보기 힘들기 때문에 발생한다. 이러한 현상은 공급자와 수요자, 건설사업 주체와 하청업체 간에도 존재한다. 세 번째는 공공재의 존재 때문이다. 공공재는 비배타성, 비경합성, 생산과 소비가 동시에 이행되는 것이 특징이기 때문에 시장실패의 한 요인으로 지목된다. 네 번째는 외부효과이다. 정상주택 인근에 불량주택의 확산으로 인해 재산적 가치가 하락하는 경우나 높은 건물 때문에 주변 주택의 일조권 침해, 사생활 침해가 발생하는 것 등이 외부효과의 특징이다. 마지막으로는 주택이라는 상품의 일반재화와는 구분되는 개별적인 특성 때문이다. 즉 고가의 상품, 긴 생산기간, 높은 거래비용(중개료 등), 상품의 이동이 아닌 사람의 이동 등이 일반 공산품 등과 달리 단순히 시장원리만으로 설명할 수 없는 부분이다.

2. 주택정책과 사회정책의 관계

정부의 직접 또는 간접적인 주택서비스의 제공을 사회정책의 한 영역으로 파악할 수도 있으므로, 정부의 시장개입을 성공적으로 이루어 냈다고 볼 수 있는 자본주의 국가들 중 선진국들의 사회정책적 이론을 주택부문에 국한하여 설명하고자 한다. 시장경제하 주택은 상품이다. 국가가 최소한의 주택시장 개입으로 사회발전을 도모하고자 하지만, 이 경우 시장메커니즘은 인간의 기초수요인 주택서비스를 모든 사람들에게 충분하고 공평하게 제공하지 못한다는 문제점을 지적할 수 있다. 좀 더 적극적 주택복지를 지향하는 체제는 사회민주적 체제이며, 이 체제하에서의 주택은 사회재 혹은 집합재로서 성격을 강조하고, 국가에 주택서비스 제공에 대한 책임이 주어진다. 주택 관련 시민의 권리옹호 및 국가의 적극적 주택시장 개입을 정당화시킨다. 현대 도시사회에서는 공중보건문제로서 주택이 큰 비중을 차지하고 있다. 거의 대부분 국가들은 주택의 건축에 있어 일정한 기준을 마련하여 주거생활의 안전과 공중위생문제를 예방하려는 정책을 펴고 있는 실정이다. 이처럼 정부의 주택정책에 대한 사회정책적 논의는 사회사업 및 사회발전에 연관된 사회사상의 발전과정과 맥을 같이하고 있다. 초기 주택에 대한 사회기업적 노력은 19세기 중반 영국의 자발적 사회사업 활동과 깊은 관계를 지니고 있다.

시민의 권리와 사회서비스로서의 주택, 주택은 국민으로서 반드시 갖추어야 할 기초수요일 뿐만 아니라 정부가 가난한 자에게 제공해야 하는 주거복지의 대상으로 대두되었다. 높은 임대료 때문에 민간 임대주택에서 강제로 퇴거될 세입자는 단순히 집주인 세입자의 사적 권리관계로만 방치될 수 없다. 국가가 적정 임대료 수준을 정하여 세입자를 보호해야 된다는 시장메커니즘 개입이 시작된 것은 제1차 세계대전 전후의 일이라고 할 수 있다. 이러한 정부개입의 논리는 경제력이 없어 쫓겨나야 할 세입자의 시민권리로써 사회주택의 요구로 연결되었다. 물론 주택을 임대하여 일정 수입을 요구하는 집주인의 권리도 국가가 보장해야 하나 시급히 주거안정을 요구하는 세입자의 권리가 우선된다는 '가지지 못한 자'의 입장을 옹호하는 국가의 역할이 증대되기 시작한 것이다.

결국 국가가 얼마만큼의 주거서비스를 제공해야 하느냐(사회주택의 양), 누구에게 우선적으로 배분되어야 하느냐(수혜대상의 선정6)), 주택서비스의 제공에 있어 국가가 직접적이냐 혹은 간접적이냐(주택서비스 공급방식) 논란이 계속되고 있다.7)

1) 다원주의적 접근

주택정책의 발전을 다수의 대중에게 보다 좋은 주택서비스를 제공하는 것을 목적으로 한 발전적 입법의 흐름으로 인식한다. 이러한 다원주의는 크게 3가지를 가정하고 있다. 첫째, 다두정치체제로서 권력과 권위가 이익집단들에게 분산되어 있는 정부를 가정하며,

---

6) 장기전세주택 소형평형은 소득제한이 있어 사회주택으로 보는 데 논란이 없으나, 중대형 평형은 입주자격에 소득제한이 없다는 면에서 사회주택으로 볼 수 없다는 주장도 있다. 사회주택의 입주자격을 어느 정도 소득선으로 제한하느냐, 즉 저소득의 범위가 어느 정도이냐는 국가별로 환경에 따라 차이도 존재한다. 우리나라 공공임대주택의 자격 중 $60m^2$ 이상은 소득제한이 없다는 점도 그런 맥락에서 이해할 수 있다. 장기전세주택의 경우 정책입안과정에서의 취지가 고소득자를 입주시키자는 것보다는, 특정 소득을 한정하기가 쉽지 않고 또 그럴 경우 특정소득 이하가 거주하는 단지로 이미지가 낙인찍힐 수 있어 그동안의 임대주택의 문제점을 재연할 수 있다는 점 등이 고려되었다. 또한 서울시의 경우 높은 PIR 등의 특수성상 주택구매가 어려운 소득층을 특정하기가 현실적으로 쉽지 않다는 점, 자영업자의 소득파악이 어려워 봉급생활자의 상대적인 불이익이 우려된다는 점 등이 소득제한을 하지 않은 주요 이유이다.

7) M. Harloe, 1995, *The People's Home? Social Rental Housing in Europe & America*, Oxford: Blackwell, p.145.

둘째, 사회개혁의 목표와 목적에 대해 국가 내부에 광범위한 합의가 형성되어 있으며, 마지막으로 행위, 가치, 욕구 등을 집단적 특성보다는 개인적 특성으로 이해한다는 가정을 전제로 하고 있다.

다원주의적 접근방법은 주택정책을 상대적으로 분산된 권력을 갖고 있는 상이한 이익집단 사이에서 벌어지는 민주적 타협절차의 산물로 인식한다. 따라서 주택정책의 변화(예, 자가소유의 증가)는 정치적 통로를 통해 표출된 소비자 요구의 결과로 인식, 신다원주의는 전문가, 기업, 그리고 국가관료의 영향력을 강조하고 있다. 제1차 세계대전 당시의 영국과 1930년대 대공황 시의 미국은 선거를 통해 중요한 정치적 쟁점화가 되면서 사회주택의 성장을 가져오게 되었다.

영국의 경우, 1945년과 1951년 노동당이 사회주택을 가장 중요한 정치적 쟁점으로 삼았고, 상대정당(보수당)의 빈약한 공공주택정책을 비난하면서 정책대결이 격화되었다. 영국은 노동당의 강력한 지지를 받아 사회주택 공급이 확대되고, 지방정부의 가장 중요한 역할 중의 하나가 열악한 주거환경을 개선하는 사회주택의 공급과 관리라는 점을 강조해 왔다. 초기에 슬럼지역의 재개발을 통해서 주거환경개선에 치중하였으나 보다 적극적인 주택공급이 요청되어 결국 사회주택의 제도적 장치를 강화하게 된다.

미국의 경우, 사회주택정책의 지지는 대도시지역에서 먼저 얻게 되었고, 1950~60년대 그 성장의 속도가 빨랐다. 사회주택의 성장배경이란 저소득 노동자계층 주민들의 저렴한 임대주택의 요구에서부터 출발한다고 주장하였으며, 또한 저소득층이 요구하는 저렴한 임대주택을 민간부문이 수용하지 못하기 때문에 정부가 상당

부분 임대주택의 공급 주체로서의 역할을 맡게 된다는 것이다. 이러한 사회주택의 공급은 수혜대상자에 대한 불충분한 의견수렴과 그들의 영향력이 미흡하고 미래의 주택소요 예측이 불명확하다는 점과 슬럼지역의 주거환경개선 프로그램이 결과적으로 중산층주택의 교외화와 확산을 가져오게 되는 문제점을 초래하게 되었다.

2) 신마르크스주의적 접근

신마르크스주의는 사회주택을 공급함으로써 국가는 노동자의 노동력을 재생산하고 노동계급의 근본적 사회변화에 대한 요구를 완화시키기 위해 상징적인 의미로 자본가계급이 양보한 것으로 해석하였다. 또한, 사회주택의 발달은 노동자계급의 투쟁의 산물임을 부정할 수 없다고 본다.

자본주의 사회에서 사회주택 공급을 위한 국가의 개입은 시장기능을 위협하는 행위로 판단하고 있지만 결국 국가가 공급을 위해 시장에 개입할 수밖에 없는 이유로 크게 네 가지를 들고 있다. 첫째, 노동조합을 결성한 노동자 등의 생활비를 경감시켰으며, 이는 노동자들의 임금인상 투쟁을 완화시키는 역할을 하였다. 둘째, 대량의 사회주택 공급은 결과적으로 대규모 건설회사 및 건설산업의 성장에 기여했다고 생각하였으며, 저렴한 분양주택을 공급하는 데 간접적인 영향을 끼쳤다고 보았다. 셋째, 건설업 및 건설자재산업의 이윤추구에 기여하였으며, 마지막으로 슬럼에서 이주한 주민은 각종 소비제품의 소비를 증대시키는 결과를 가져오게 되었기 때문이다.

3) 조합주의적 접근

조합주의는 산업계의 대표와 노조지도부가 정부와 직접 교섭을
하여 얻은 정치권력을 설명하기 위한 시도로서 1970년대 중반에
출현한 사고체계이다. 조합주의는 강력한 사회적 이익집단의 엘리
트들이 공식적·민주적 절차를 회피하고, 비공식적이며 공개적으로
접근하기 힘든 타협에 의존하고 있는 것을 특징으로 하고 있다.
조합주의가 성공한 이유는 국가가 유권자들의 요구에 민감하기 때
문이 아니라, 자본축적과 국가정당화 과정에 매우 중요한, 잘 조직
된 이익집단의 대표와 타협을 할 수 있기 때문이다. 이와 같은 조
합주의적 협상상태는 산업정책, 노동정책 등에서 구체화되지만, 사
회정책의 영역에서도 나타난다. 따라서 주택정책의 경우 주택산업
에서의 관리자와 주택생산에 종사하는 노동자의 조합주의적 영향
력과 주택전문가가 행사하는 영향력을 고려해 볼 수 있다.

4) 신자유주의 및 엘리트 이론적 접근

신자유주의는 자본주의 사회의 시장기능과 그 과정을 근본적으
로 강조하며, 정부의 시장개입을 반대하는 입장을 취하고 있다. 이
러한 신자유주의는 1980년대 미국의 레이건 대통령, 영국의 대처
수상의 경제정책에서 잘 나타나고 있다. 선거를 통한 정부정책의
영향력은 매우 제한적이라 보고 특정 집단이 정책에 영향을 미칠
수는 있어도 정책오도의 위험을 내포하고 있다고 생각한다. 신자유

주의는 사회주택이 공무원의 업무 확대, 승진, 공공주택행정기능의 강화에 큰 작용을 하고 몇몇 정당에게는 매우 중요한 정책 이슈가 되어 저소득층 및 노동자계층의 유권자들로부터 정치적 지지를 획득하는 기회를 부여받는다고 인식하고 있다.

엘리트 이론적 접근방식에 의하면 계획수립이 소수의 능력 있는 엘리트의 지혜와 가치판단에 의해서 이루어져야 한다는 점을 공공개입의 이유로 제시하고 있다. 사회주택정책을 사회현상의 합리성을 추구하는 엘리트집단의 압력의 결과로 해석하며, 초기 영국의 재개발사업과 공공주택의 공급확대는 결국 몇몇 엘리트 집단에 따라 성공적일 수 있었다는 점을 강조한다.

신자유주의와 마찬가지로 자본주의 사회에서 사회주택이 점차 감소할 것으로 전망하고 있지만, 지금까지의 사회주택정책이 성공하지 못했고 근원적으로 문제점을 야기할 수밖에 없다는 견해를 취하고 있다. 이러한 이유로는 첫째, 개인이 소유한 토지의 투기현상으로 공공주택의 가격을 상승시키고 있고, 둘째, 사회주택 입주자들에게 지나친 정부보조와 혜택이 주어지고 있으며, 마지막으로 한정된 정부재원 내에서 집을 가진 자의 복지혜택이 축소될 수밖에 없다는 점을 들고 있다. 결국 사회주택의 증가는 중산층 이상의 주민이 강요된 희생의 결과라고 판단하고 있다.

장기전세주택의 도입과정도 이 접근과 유사점을 일부 찾을 수 있다. 최초의 논의과정이 일부 정치 엘리트 중심으로 논의되고 결정됐다는 점과 그동안 저소득층에 국한돼 온 공공임대주택의 입주대상을 중대형 평형에까지 확대했다는 점에서이다. 특히 중산층은 서울의 주택상황에서 주택구매능력이 부족함에도 소득제한으로 인해 공공임대주택의 혜택을 보지 못했고, 주택정책의 사각지대에 놓

여 왔다는 면이 정책적으로 고려된 것은 이러한 접근방식과 유사
한 점이다.

5) 사회민주주의적 접근

신자유주의적 접근이나 시장모델의 모순과 한계를 극복하기 위
한 대안적 접근방식이다. 사회민주주의적 접근방식에서는 시민권과
평등전략을 최대의 목표로 삼고 있다. Marshall은 완전한 사회성원
이 되기 위해서는 시민권의 보장이 중요하다고 하였으며, 시장은
모든 계층이 원하는 주택을 적절히 공급하지 못하기 때문에 국가
가 시장에 개입하게 되며, 특히 공공기관이 임대주택 혹은 사회주
택을 공급할 수밖에 없다고 하였다. 국가에 의한 복지제공은 경제
적 효율성 측면에서도 정당화될 수 있다. 이는 교육, 의료 그리고
주택 등은 노동생산성을 증가시키는 결과를 가져오기 때문이다. 시
장은 완전한 경쟁을 보장하지 못하며, 소비자 주권을 무시하는 독
과점에 의해 지배된다. 주택시장 역시 소비자의 주권이 보장되지
못하고 시장실패의 모습을 찾을 수 있다.

결과적으로 사회주택은 가난한 사람들에게만 한정적으로 주어지
는 복지가 아니고 보편적으로 주어지는 것으로 한다는 견해가 지
배적이다. 즉 복지의 보편적 권리를 주장한다.

장기전세주택이 공공임대주택이면서도 중대형 평형의 입주대상
을 확대한 것은 사회민주주의 접근과도 유사점이 있다. 공공의 주
택공급정책 측면에서 고소득자는 분양주택이나 기존 주택의 매입

을 통해 해결이 가능하고 저소득층에게는 임대주택이나 임대료 보조정책이 있어 왔으나, 중산층에게 적합한 공급정책은 사각지대에 놓여 왔던 측면이 있기 때문이다.

3. 주요 국가의 공공주택정책

1) 공공주택의 공급형태

주택의 공급형태를 살펴보면, 크게 시장경제 지향적 공급과 배분, 공공부문 지향적 공급과 배분 그리고 절충형 세 가지로 나눌 수 있다. 우선 시장경제 지향적 공급과 배분(private market allocation)은 전통적 배분방식으로서 주택을 구입할 수 있는 경제적 능력과 경쟁의 원리에 기초한 것으로 미국이 대표적이라고 할 수 있다. 이는 형평성보다는 주택시장의 효율성을 신뢰하게 되며 자본주의 시장원리를 존중하며 민간주택산업을 집중적으로 육성하게 된다. 철저하게 시장주의에 따른 경쟁의 원리를 통하여 값싸고 질 좋은 주택을 생산하는 업체는 소비자로부터 신용을 얻게 되며 부실업체는 자연도태되어 시장에서 사라지게 된다. 하지만 이러한 시장경제 지향적인 주택의 공급형태는 소득의 불균형적 배분으로 인한 계층 간의 갈등을 심화시킬 우려가 있으며, 대도시의 경우 불량주거지의 형성 등 주택을 통한 사회적 형평성을 유지하는 데 한계가 나타날 수밖에 없다.

다음으로 공공부문 지향적 공급과 배분(public sector allocation)[8]
은 정부 및 공공주택기관 등이 개별가구의 주택소요(housing needs)
와 사회적 필요에 의해 공급과 배분에 적극적으로 개입하는 것이
다. 이는 중앙정부 주도적 계획경제 체제에서 흔히 발견되는 제도
로 대표적인 국가는 영국, 스웨덴, 독일, 스위스 등을 들 수 있다.
이러한 공공부문 지향적인 개입은 대도시 불량주거지의 발생을 예
방할 수 있으며, 사회계층 간의 혼합을 시도할 수 있다. 하지만 민
간주택산업을 위축시키거나 주택 관련 행정의 비대화, 공공주택수
혜 대상자 선정의 어려움 등 문제점을 지니게 된다.

마지막으로 절충형 개입은 시장 지향적 개입과 공공부문 지향적
개입의 장점을 절충한 형태로 볼 수 있다. 절충형 개입은 준시장
적 성격(quasi-market)과 준공공적 체계를 동시에 지닌 국가들에
서 많이 나타나게 되며 기본적으로 시장경제 원리에 기초하지만
부분적으로 공공의 개입과 역할을 강조하는 주택체계로서 서유럽
국가 등 많은 나라에서 채택하고 있다. 이러한 선진국의 공급형태
와 달리 개발도상국에서는 주택개입정책을 공공부문, 민간부문,[9]
서민부문(popular sector)으로 구분하여 접근한다.

민간부문의 공급대상은 중상위 소득계층을 주된 소비자로 하며,
서민부문은 상대적 빈곤층이라고 할 수 있는 저소득 계층, 공공부
문은 극빈자 혹은 절대적 빈곤층을 위한 주택시장에 개입한다. 개

---

8) J. F. C. Turner, 1976, *Housing by People: Towards Autonomy in Building Environments*,
London: Marion Boyars.
9) 민간부문주택(private housing): 제도적 기준안에서 건설 공급되며 자유경쟁 시장에서
분양, 임대가 가능한 주택을 말함. 이런 주택이 개도국에서 상당수 건설되고 있으나,
도시빈민의 주거문제를 해결하기에는 여러 가지 문제를 내포. 민간부문의 주택은 개인
또는 기업의 이윤 추구가 가장 중요한 목표임. 기업이 도시빈민들의 소득수준에 알맞
은 저렴한 정상주택을 공급하기란 어려운 문제임.

발도상국은 선진국과 같은 보편적인 개입의 형태를 찾아보기 힘든 특징도 가지고 있다. 이는 국가마다 그 공급대상이 다양하게 나타나는 것은 정치 경제적 상황이 다르기 때문으로 볼 수 있다. 개발도상국의 공공부문은 불량 무허가주택(squatters)이나 슬럼(slums)[10]을 도시미관을 해치고 지역발전을 저해하는 존재로 파악하게 되며, 주택공급에 있어서의 재정적 한계로 인해 자조적 개념(self-help)[11]을 통한 주택공급의 확충에 노력한다.

2) 국가체제에 따른 주택정책의 목표와 범위

국가의 경제발달 정도나 정치적 목표의 차이에 의해 주택정책의 목표와 범위를 크게 3가지로 구분할 수 있다.[12]

첫째, 자본주의 체제하 선진국에서의 주택정책이다. 이들 국가에서는 주택정책은 다른 정책들과 비교하여 높은 비중을 나타내고 있으며, 대부분 국가에서는 주택구입에 대한 보조금제도를 시행하고 있다. 또한 적재적소에 공급하기 위하여 공공주택의 적정입지문제를 고려하고 있다. 이러한 구미 선진국에서는 주택공간의 입지적 효율성에 대한 부분이 특히 중요시되고 있다. 또한 모든 주민에게 최소한의 주거복지는 확보되어야 한다고 생각하고 있으며, 주택정책과 관련한 지방자치단체의 역할이 매우 중요하게 부각되고 있다.

---

10) 슬럼(slums): 주거수준은 열악하지만 법적 요건을 갖추고 있는 항구적인 거처.
11) 자조적 개념(self-help): 주민의 노동력으로 스스로 집을 짓게 하고, 때로 정부가 개입하여 시행하는 부지와 서비스 프로젝트를 들 수 있음. 이러한 정책은 개도국 정부의 한정된 재원으로는 수많은 도시빈민들의 주거문제를 해결해 줄 수 없기 때문에, 주민의 자조적 노력에 의존해야 한다는 방안.
12) 하성규, 2004, 주택정책론, 26~29쪽.

이처럼 선진 자본주의 국가들은 정부의 시장개입을 기정사실화하고 있으며, 특히 절대빈곤층을 위한 공공주택의 공급확대를 위해 노력하고 있다.

둘째, 사회주의 국가에서의 주택정책이다. 사회주의 국가에서는 계획경제체제에 따라 주택을 포함한 거의 모든 재화를 국가가 소유하는 것을 원칙으로 하고 있다. 민간기업이나 시장에 의한 생산과 분배보다는 국가가 생산과 분배를 통제해 왔다. 하지만 이러한 국가에 의한 생산과 분배의 통제는 주택자원의 효율적 배분에 대한 문제를 해결하지 못하였고, 주거수준이 전체적으로 낮아지는 결과를 초래하였다.

셋째, 개발도상국의 주택정책이다. 개발도상국의 경우 국가별로 주택상황이 큰 차이를 보이고 있다. 하지만 이들 국가에 있어서의 일반적인 주택문제는 주택재고량의 절대적인 부족과, 인구의 도시집중, 불량촌의 형성, 주택정책의 상대적 열위, 소비자의 주택구매력 부족 등의 현상을 나타내고 있다. 이러한 개발도상국에서 공공의 시장개입의 형태를 살펴보면 도시빈민과 같은 저소득층의 주거안정을 위하여 정부가 시장에 개입하게 된다. 이러한 정부의 시장개입은 대부분 도시계획 등 계획기준마련과 법적 조치를 통하여 시장을 조정한다. 또한 정부의 직접적 공공주택 공급은 제한적이며 소비자의 주택구매력이 부족한 상황에서 국민 스스로가 주택을 가질 수 있도록 다양한 정책을 펼치는 특징을 보인다. 이러한 국가상황에 따른 정부개입 정도를 표로 나타내면 아래 〈표 2-1〉과 같다.

〈표 2-1〉 국가체제 및 정부개입

형태(국가체계)	국가	조정의 핵심	주택생산의 성격
자유방임주의, 신자유주의	미국, 캐나다, 호주	민간시장경제하의 최소한의 공공주택부문	시장에 의한 주택공급, 자가소유가 지배적, 특수한 경우에만 정부개입
사회복지와 신보수주의	영국	민간시장경제가 원칙, 공공주택의 중요성 인식	시장에 의한 주택공급 원칙, 공공의 주택정책 활성화
사회민주주의	스웨덴	공공의 통제하의 민간시장경제	주택의 소유와 주택금융에 대한 정부의 조정
사회주의	중국	계획경제하의 주택공급, 개인소유 일부 허용	국가에 의한 주택의 공급과 배분
권위주의	제3세계 국가	민간시장경제와 전시행정성격의 공공주택	시장에 의한 주택공급, 공공의 역할 미약

자료: Bourne(1981: 236)

3) 각 국가별 사회주택의 공급 주체와 운영실태

(1) 영국

영국에서는 지방자치단체 의회(400여 개)가 사회주택 공급 주체로서의 역할을 수행하고 있다. 이러한 지방정부가 사회주택의 공급 주체로서 공급, 배분, 관리 등의 책임을 지고 있으며, 민간주택에 관련된 주택행정도 병행하여 수행하고 있다.[13]

하지만 1970년대 중반 이후 중앙정부의 사회주택에 대한 통제력이 점차 강화되고 있는 추세이다. 또한, 1980년대부터 비영리주택협회(2,500여 개)에 지원하는 방식으로 사회주택 공급방식이 변화되고 있다. 현재의 영국에서는 중앙정부의 재정지원을 통한 보조금과 민간기관의 융자금을 활용한 형태로의 사회주택 공급방식에 큰 변화기를 맞고 있다. 영국의 시대별 공공임대주택정책을 도식화하

---

13) 하성규, 2004, 주택정책론, 308쪽.

면 아래 〈표 2-2〉와 같다.

〈표 2-2〉 영국의 시대별 주요 공공임대주택정책

집권당	주요 공공임대주택정책
노동당 (1945~50)	- 공공주택 중심의 주택정책 - 공공주택과 민간주택의 건설호수를 4:1로 억제 - 공공주택에 대한 국고보조를 인상 - 공공주택 건설 비율이 80% 이상 순회 - 재정부담 증대와 정부의 통제강화에 의한 민간주택 건설의 정체기
보수당 (1950~64)	- 공공주택과 민간주택 건설호수를 1:1로 조정 - 공공주택에 대한 정부보조금을 인하 - 공공주택 건설이 40% 이하로 감소 - 민간주택에 대한 임대료 통제 폐지
노동당 (1964~70)	- 민간임대주택에 대해 공정임대료 제도 도입 - 임대주택에 대한 정액보조방식을 폐지하고 실제 차입이자율과 4%의 고정이자의 차액을 보조하는 방식으로 변모
보수당 (1970~74)	- 공공주택에도 공정임대료 적용 - 모든 주택에 임대료 환급 및 임대료 수당제를 도입 - 저소득 공공주택임차인에 대한 강제적 임대료 환급제 도입
노동당 (1974~79)	- 공공주택의 공정임대료 적용을 지방정부의 재량권으로 변경 - 임대료 인하나 건설비 증대로 인한 손실보전을 위한 새로운 보조금 도입
보수당 (1979~97)	- 통제임대료를 규제임대료로 전환 - 민간임대주택 부활을 위해 임대차를 장단기 임대차로 구분 - 공공주택 거주자의 주택구입권과 공공주택의 불하방안 규정 - 지자체가 소유한 공공임대주택을 민간영역에 처분하도록 허용 - 공공주택을 불하받을 수 없었던 단지의 주민들에게 임대인을 선택할 수 있는 권리를 부여 - 공공임대주택의 공급과 관리 역할을 맡게 된 주택협회의 범주를 확대 - 임대주택의 소유 및 관리와 자금대출을 위해 주택투자트러스트 설립 - 신규공공임대주택 건설을 지양 - 일반주택 보조금은 일률적 지급에서 자산심사를 거친 후 임차인의 부담능력에 따라 차등 지급하는 체제로 변경
노동당 (1997~現)	- 중앙정부에 의한 대규모 공공임대주택 건설방식을 지양하고 지자체의 공공임대주택을 인수한 주택협회 중심의 정책 전개

자료: 서울시(2011: 36)

(2) 미국

미국에서의 공공주택 공급은 공공주택당국(Public Housing Authorities:

PHAs, 2,800여 개)에 의해 직접적으로 이루어지고 있다. 이 기관은 지방정부에 의해 법적인 권한이 부여된 독립적 기관이지만 지방정부의 영향력으로부터 완전히 배제되고 있지는 못한 실정이며, 연방정부의 보조와 세입자의 임대료를 통해 운영되고 있다. 미국의 가장 큰 주택문제인 공공주택의 슬럼화를 예방하기 위하여 당국은 공공주택의 분산화 방식을 도입하였다. 이러한 분산화 방식은 첫째, 민간건설분을 구입하여 공공주택화하는 방식, 둘째, 기존 주택을 매입하여 공공주택으로 하는 방식, 셋째, 민간주택을 임대 후 임대료 차액을 보조하는 방식 등 크게 세 가지로 나누어 볼 수 있다.

미국의 주택행정을 담당하는 연방정부 조직은 1934년 설립된 연방주택청(Federal Housing Administration)과 공공주택과 관련해서는 주택도시개발부(the Department of Housing & Urban Development: HUD)가 있다. 이는 1965년 제정된 주택도시개발법에 의해 주택청, 도시정비청(Urban Renewal Administration)과 지역시설관리청(Communities Facilities Administration)을 통합하여 설립하였다(서울시, 2011: 46~47). 미국의 주택현황은 아래 〈표 2-3〉과 같다.

<표 2-3> 미국의 주택 현황

구 분	1990년	2000년	2003년	2005년	2007년
총 주택 (거주자가 있는 주택)	94,224	105,720	105,560	108,231	110,306
자가	60,248	71,250	72,054	74,553	75,159
임대	33,976	34,470	33,506	33,678	35,147

자료: 서울시(2011: 45)

(3) 싱가포르

싱가포르의 공공임대주택 공급은 1960년대 주택위기에서 시작되었다. 싱가포르 정부는 HDB(Housing and Development Board)를 설립하여 국민 개개인의 금융안정성 확보와 인플레이션 대비책으로써의 주택확보를 촉진하였다. 싱가포르 정부는 1968년 싱가포르의 국민연금에 해당하는 Central Provident Fund를 주택구입자금으로 활용하도록 하였으며, HDB Flats의 공급대상은 1970년대 이후 점차 중산층 이상으로 확대하였다. 2011년 7월을 기준으로 싱가포르 인구의 84%가 HDB Flats에 거주하고 있으며 연도별 HDB 주택 거주인구를 도식화하면 아래 〈표 2-4〉와 같고, 주택정책을 시기별로 도식화하면 아래 〈표 2-5〉와 같다.

〈표 2-4〉 싱가포르 HDB Flats 거주인구 비율(%)

연도	인구(천 명)	HDB 주택 거주인구	
		인구(천 명)	거주 인구 비율(%)
1960	1,646.4	14.8	9
1965	1,886.9	43.4	23
1970	2,074.5	72.6	35
1975	2,262.6	106.3	47
1980	2,413.9	161.7	67
1985	2,736.0	221.6	81
1990	3,047.1	265.1	87
1995	3,524.5	303.1	86
2000	4,027.9	346.4	86
2005	4,265.8	354.1	83
2010	5,076.7	416.3	82

자료: 서울시(2011: 25). 1960~75년까지의 인구는 총 싱가포르인의 수를 나타내며, 1980~2010까지의 인구는 싱가포르 영토 내 거주자 수를 나타냄.

<표 2-5> 싱가포르 주택정책의 전개과정

시대별 구분		주요 주택정책
Ⅰ단계 (1947~69년) 주택난 해결을 위한 주택정책 및 제도 개발		· 1947년 임대료 규제(rent control) 도입 - 심각한 주택난으로 세입자 보호 목적 · 1955년 CPF기금 조성(근로자를 위한 사회보장제도 도입) · 1960년 2월 HDB 설립 - 1965년 인구의 30%가 슬럼 및 불법무허가 주택에서 거주 - 이 당시 HDB 공공주택의 입주 요건 규제 엄격 · 1964년 HOS(Public Homeownership Scheme) 도입·실시 - 저소득층의 내집마련 목적 · 제1차 공공주택 건설 5개년 계획 마련, 5만 호 이상의 주택건설 달성 · 1968년 CPF의 주택구입자금(20% downpayment) 지원
Ⅱ단계 (1970~89) 주택난 해소를 위한 규제 완화	(1970~ 79년)	· HDB 공공주택구입 지원을 위한 소득제한 규정 완화 - 주택융자 상환기간 20년으로 연장, 재산세 인하, 전매 허용 등 · 1971년 3월 공공주택 외 재판매(resale) 허용 제도 도입 · 중산층 주거지원을 위해 1974년 HUDC(Housing and Urban Development Company) 설립
	(1980~ 89년)	· HUDC가 공급하는 주택의 소득제한 규정 완화 · 1971년 민간주택의 주택자금 융자 시에도 CPF 주택자금 지원 · 1988년 임대료 규제 폐지 · 공공임대주택의 공급 축소 방안 마련 · 1989년 공공주택의 전매 시장 확대를 위한 제반 조치 - 영주권자에게 전매 허용, 주거이동 촉진 등
Ⅲ단계 (1990~97) 금융지원 완화 및 주택가격 상승		· 민간주택수요 증가로 소규모 대지를 민간주택개발업자에게 매매 허용 · CPF의 일부를 주택구입 이외 융자금 상환에도 활용토록 함 · 1993년 Revised Mortgage Loan Financing Scheme 도입 - 전매시장 확대 - 실제 매매액 혹은 시세의 80%까지 모기지 융자 획득 가능토록 함 · 저소득층 주택 지원을 통해 Low Income Family Incentive Scheme 도입 - 실제 매매액 혹은 시세의 85%까지 융자 가능토록 함 · 1995년 고급 콘도미니엄형 주택공급 시작 · 1996년 주택시장 과열로 인해 정부가 전매시장 직접 규제 · 1996년 5월 15일 부동산 투기 억제 조치: 구매 후 3년 미만 판매에 대한 모든 자산에 대해 자본이득세 부과, 주택자산의 80%까지만 주택 융자, 외국인의 싱가포르 주택금융 및 융자이용 제한 등 · 소득수준 상승에 따라 HDB 자격요건 완화 · 1997년 신규 공공주택에 대한 대기기간 감축 조치 · 1997년 아시아 금융 위기
Ⅳ단계 (2000년 이후) 경기침체 및 구조조정		· 1998년 경기 침체 · 2002년 CPF외 출금한도 제한(CPF에서 활용 가능한 주택자금 비중 축소) · 2003년 HDB 축소: 신축주택의 수요 하락, HDB 주택 중 1만 7,500 호 미분양 발생

자료: 진미윤·이현정(2005), 서울시(2011: 26)

(4) 일본

일본의 공공임대주택은 주로 도도부현 차원에서 저소득층 및 고령자에게 공급하고 있으며, 도시재생기구(UR)에서도 직접 공급하고 있다. 공공임대주택의 유형은 공영주택, 특정 우량 임대주택, 고령자용 우량 임대주택이 있으며, 각 유형별로 공급대상과 임대료 수준이 서로 다르다. 먼저, 공영주택은 사회취약계층(월 소득 158,000엔 이하 자)을 대상으로 하고 있으며, 그 상위의 취약계층은 '특정 우량 임대주택', 고령자용 우량 임대주택, 도시재생기구 임대주택 등이 있으며 상세한 내용은 아래 〈표 2-6〉과 같다.

매입·임대방식에 의해 공급되는 공영주택은 국가와 지자체가 임대료대책보조와 함께 매입 시 필요비용의 절반을, 임차 시 공동시설 정비비의 1/3을 각각 보조하는 방식으로 조성되며 그 밖의 제반 사항은 공영주택법에 따르고 있다.

〈표 2-6〉 일본의 유형별 공공임대주택 입주자 선정기준

구 분	공영주택	특정 우량 임대주택	고령자용 우량 임대주택	도시재생기구 임대주택 (UR 공급주택)
내용	-공영주택법에 따라 도도부현이나 시정촌과 같은 지방자치단체가 사업 주체가 되어 관리·운영하는 저소득자를 위한 임대주택	-'특정 우량 임대주택의 공급 촉진에 관한 법률'에 따라 중견 소득자로 우량 임대주택의 공급늘 촉신하기 위해 도도부현 지사 등 인증을 받은 민간 사업자들이 건설하고 관리하는 임대주택	-'고령자 거주의 안정 확보에 관한 법률'에 따라 정비된 고령자의 신체 기능에 맞게 설계, 시설, 노인을 배려한 임대주딕	-도시 재생기구가 건설한 임대주택

공급 대상	− 동거자, 동거예정자 친족, 약혼관계예정의 자 또는 동거하고자 하는 친족(동거예정자) 및 약혼관계 법정 월수입 액이 158,000엔 이하인 자 − 사업 주체가 조례로 정한 금액을 초과하 지 않는 자 − 주택 이외의 건물, 위 험 또는 비위생적인 주택에 거주하고 있 는 자 − 주택이 없어 다른 가 구와 함께 살고 있거 나 가족과 떨어져 지 내는 가구 − 가족구성과 주택 규 모가 불안정한 사람 − 기존주택 퇴거 예정 자 − 원거리 통근자 − 임대료 과다지출자 − 해당 주택이 입지한 도도부현이나 시정촌 에 거주하거나 근무 하는 자	− 가구 월 소득 158,000엔 이상 259,000엔 이하 인 가정 무주택자	− 60세 이상일 것, 싱글 또는 동거자가 배우 자, 60세 이상의 친족 또는 도도부현 지사 등이 필요하다고 인정 하는 사람 − 상기 신청 자격 외에 도 신청 본인의 평균 월 수입액이 원칙적으 로 기구가 정한 기준 월 수입액 이상이어야 함 우편 인터넷으로 신청 을 접수, 월 1회 추첨 으로 당첨자를 결정	− 일본 국적을 가진 사람 및 국가에서 인정한 자격이 있 는 외국인 − 독신자가 신청 가 능한 주택 이외의 주택에 대해서는, 동거하는 친족(사 실상 배우자나 약 혼자) − 신청 본인의 평균 월 수입액이 원칙 적으로 기구가 정 한 기준 월 수입 액 이상일 것 − 세대원 전원이 기 구가 정한 입주 시작 가능 일로부 터 1개월 이내에 입주 − 기존 주택은 우편 인터넷으로 신청 을 접수, 월 1회 추첨으로 당첨자 를 결정 − 신규 임대주택의 경우 입주 예정 2~3개월 전 추 첨 모집
임대 료 구분 수준	− 월 수입액 기준 104,000엔 이하 104,001~ 123,000엔 123,001~ 139,000엔 139,001~ 158,000엔 이하 158,001엔 이상 186,000엔 이하(재량 계층에만 해당) 정령 월 수입액 186,001엔 이상 214,000엔 이하	− 월 수입액 기준 158,000엔~ 186,000엔 이하 186,001엔~ 214,000엔 이하 214,001엔~ 259000엔 이하 259,001~ 313,000엔 이하 정령 월 수입액 387,001엔 이상 487,000엔 이하	− 월 수입액 104,001엔~ 123,000엔 이하 123,001엔~ 139,000엔 이하 139,001엔~ 158,000엔 이하 158,001엔~ 186,000엔 이하 186,001엔~ 214,000엔 이하 214,001엔 이상	

자료: 서울시(2011: 52)

(5) 기타

 구미의 대표적인 선진국으로 볼 수 있는 네덜란드와 프랑스, 독일의 공공주택 공급을 살펴보면 우선, 네덜란드에서는 1960년대 이후 도시정부(municipalities)와 주택공사(housing corporations, 900여 개)가 주체로 공공주택을 공급하고 있다. 이들은 분양용 주택도 함께 공급하며, 분양주택의 공급을 통한 이윤은 주택사업에 재투자하고 있다. 주택공사의 운영은 세입자의 임대료와 정부보조금을 통하고 있다. 프랑스에서는 HLM(Habitations a Loyer Modere, 1,200여 개)을 통해 중앙정부가 직접 공급하는 형태를 가지고 있다. 이는 주택공급을 획기적으로 확대하기 위해 복지적 주택건설운동을 발전시킨 것이다. 직접공급의 형태는 크게 두 가지 방식을 선택하고 있다. 이는 우선 지방정부의 협조하에서 사회주택을 공급하는 방식으로 민간주택의 재개발을 들 수 있으며, 다른 하나는 민간기금을 통해 설립하고, 주택협동조합과 같은 역할을 하기도 한다. 마지막으로 독일의 경우는 다른 나라와 달리 복잡한 체계를 가지고 있다. 독일의 경우 비영리조직이나, 개인, 사업체에 의해 다양한 형태로 공공주택의 공급이 이루어지고 있다. 하지만 이들 단체에 모든 권한을 부여하는 것은 아니며, 정부는 적정한 임대료 기준이나, 입주자 선정, 건축기준을 마련함으로써 시장에 간접적으로 개입하고 있다.

(6) 주요 선진국 정책 비교

 싱가포르, 영국, 미국의 공공임대주택정책을 비교하여 도식화하면 다음 〈표 2-7〉과 같다.

〈표 2-7〉 주요 선진국 공공임대주택정책 비교

구분	싱가포르	영국	미국
도입 배경	- 1960년대 주택위기로 HDB를 설립하여 70년대부터 공급 대상을 확대하여 2011년 7월 기준으로 인구 84%가 공공임대주택에 거주하고 있음 - 공공임대주택의 질적 향상은 전적인 공공의 개입 및 지지로 볼 수 있음	- 19세기 산업화 및 도시화로 인한 주택 멸실, 인구증가 등으로 주택부족 및 민간임대료가 폭등함 - 이에 대응하기 위해 공공이 개입하기 시작하여 공공임대주택 건설이 활발히 지속됨	- 제2차 세계대전 이후 교외화로 인해 중심도시의 슬럼화가 시작됨 - 이를 해결하기 위해 1949년 연방정부는 주택법에 도시재개발프로그램을 만들어 저소득층을 위한 대규모 공공주택을 건설함 - 1970년대 이 지역들이 또다시 슬럼화가 되어 주택정책의 전환기를 맞음
금융 지원	- CPF(Central Provident Fund - 중앙연금준비기금)를 이용한 주택구입자금 융자제도는 싱가포르 공공주택 확대와 자가소유정책의 근간을 이룸 - 공공주택 구입자는 우선적으로 CPF기금을 통해 1차 조달하고, 부족분이 발생할 경우 2차로 HDB로부터 주택가격의 80%까지 지원받을 수 있음	- 중앙정부의 이자 융자지원으로 지방자치단체에 의해 건설 운영되며 중앙정부는 운영비의 일부를 보조함 - 중앙정부는 공공임대주택에 거주하는 저소득층의 부담을 덜어 주기 위해 지불한 임대료의 일부분을 환급하는 제도를 실시하고 있음	- 임대료 보조제도, 주택수당제도 등을 실시하고 특히 저소득층에 대한 임대주택 공급에 역점을 두기 위하여 Mortgage 구입 프로그램이나 FHA(연방주택관리청) 보험이 잘 발달되어 있음
운영 주체	- HDB는 국가개발부(Ministry of National Development)의 협력기관 중 하나로 현재 공공임대주택 계획, 건설, 임대, 분양, 유지관리, 리노베이션 등의 작업을 총괄하고 있음	- 임대주택(social housing)은 지방정부에 의해서 공급되는 주택(council housing)과 주택협회에 의해서 공급되는 주택으로 나뉨. 지방정부는 실질적인 행정을 담당하고 있음	- '주택 및 도시개발청'(HUD)과 지역별 '공영주택청'(PHA)에 의해 수행되고 있음 - PHA는 공영주택 및 관리, 유지, 치안, 임대료 징수 등 모든 관리업무를 담당함
관리 현황	'불법전대' - 불법전대 예방을 위해 의심되는 주택을 표적탐문하고, 신고 콜센터를 운영하여 자발적으로 감시함 '수선유지' - 사용자는 HDB 규정에 맞도록 내부 변경 가능함	'불법전대' - 영국심사위원회(Audit Commission)에서 관리하며 당국은 불시에 임대주택의 전기요금 점검이나 임대수익 추적, 직접 방문을 통한 임대자 확인을 통해 감시함 - 혹은 이웃 간 불법적 공공임대 이용을 감시하여 신고할 수 있도록 함 '수선유지' - 지방자치단체(혹은 주택협회)와 임차자로 명확히 구분하여 관리함	'수선유지' - PHA에서 관리, 유지를 담당하고 있음 - 수선자금 부족으로 노후화된 공공임대주택이 철거되었고, 앞으로도 매각되거나 철거될 전망임

자료: 서울시(2011: 57)

제2절 주택시장에 대한 공공개입의 형태 및 역할

1. 시기별 공공개입의 형태 및 역할

1) 과거 공공의 주택정책

과거 우리나라에서 주택시장에의 공공개입은 크게 네 가지 단계로 구분하여 살펴볼 수 있다. 우선 1960년대 이후부터 1980년대 말까지의 고도성장기, 1980년대 말에서 1990년대 초의 시장안정기, 외환위기 이후의 규제완화기, 그리고 저금리 시대 이후의 공공개입 등으로 크게 구분될 수 있다. 저금리 시대 이후에는 참여정부의 공공개입과 현 정권의 개입으로 세분화하여 살펴보고자 한다. 공공개입의 역사를 주택의 직접공급과 연관하여 서술하면 아래와 같다.

우선 고도성장기와 시장안정기에서의 공공개입을 살펴보면 1960년대 산업화가 지속되어 지가가 급등하기 시작하면서 정부는 토지 가격 안정을 위한 토지 관련 정책으로 처음 부동산 시장에 관련하기 시작한다. 이후 주택경기 활성화 조치와 주택시장 안정화 대책을 번갈아 내놓게 되었다. 1987년 두 차례 선거를 치르고 1988년 올림픽 이후 지속적인 부동산 가격상승이 나타나게 되자 부동산 투기 억제대책과 함께 주택 200만 호 건설, 토지공개념 도입 등 정부가 시장에 직접적으로 개입하면서 공공주택이 확대되는 계기를 가져오게 되었으며, 시장은 전반적인 안정기에 들어서게 된다.

주택 200만 호 건설은 노태우 대통령의 선거공약으로 시작하여 공공이 직접적으로 주택을 대량 건설하여 공급하는 모델이 되었다고 할 수 있다.

<표 2-8> 고도성장기와 시장안정기의 정부개입

시기		대 책
고도 성장기	1967	부동산 투기억제에 관한 특별조치법(11.29.)
	1978	부동산 투기억제 및 지가안정을 위한 종합대책(8.8.)
	1980	주택경기 활성화 조치(9.16.)
	1981	주택경기 활성화 조치(1.4.)
		주택경기 활성화 조치(5.18.)
		주택경기 활성화 조치(6.26.)
	1982	경제활성화 조치(6.28.)
		주택투기 억제대책(12.22.)
	1983	부동산 투기억제대책(2.16.)
		토지 및 주택문제 종합대책(4.18.)
		주택건설 활성화 조치(9.5.)
	1984	토지거래신고제 도입(12월)
	1985	토지거래 허가제 도입(5월)
		주택건설 활성화 조치(9월)
	1986	부동산 투기억제 조치(허가제 확대, 3월)
	1988	토지 과다 보유세 신설(1월)
		부동산 종합대책(8.10.)
	1989	긴급 부동산 투기억제 대책(2.4.)
	1990	부동산투기억제대책(4.13.)
		부동산 투기억제를 위한 특별보완대책(5·8조치)
시장 안정기	1994	전세가격 상승에 대한 대책(8월)
	1995	부동산 실명제 도입(3.30.)

자료: 건설교통부. 2004. 주택백서의 내용을 재구성

이후 외환위기를 거치면서 주택경기가 크게 나빠져 정부는 시장에 적극적으로 개입하여 주택경기를 활성화하기 위하여 노력하게 된다. 대표적인 개입형태를 보면, 조세인하를 통한 간접적인 지원

이외에도 재개발, 재건축의 활성화도 병행하게 된다. 또한 2000년 이후 주택건설을 촉진하기 위한 다양한 대책을 공표하고, 지방건설 활성화를 하기 위한 지방 거점 도시의 신시가지 개발 및 주택공급 확대를 추진하게 된다.

<표 2-9> 외환위기 이후의 정부개입

시기	대책	주요 내용
1998	주택경기 활성화대책 (5.22.)	- 양도소득세 감면, 취·등록세 한시적 감면 - 주택저당채권 유동화제도 도입
	주택경기 활성화자금 지원방안(6.22.)	- 중형 임대주택 건설자금지원 - 임대중도금 대출상환기간 연장
	건설 산업 활성화 방안(9.25.)	- 중도금 추가지원 - 주택공사 민영 미분양 아파트 매입, 택지개발시 민간참여 확대
	건설 및 부동산 경기 활성화 대책(12.12.)	- 재개발 재건축 활성화 - 양도소득세 한시적 감면 범위 확대 - 주택분양가 원가연동제 시행지침 폐지: 분양가 전면 자율화(12.30.)
2000	주택건설 촉진대책(7.1.)	- 주택건설 자금대출 이자 인하 조치 연장 - 국민주택기금 호당 대출한도액 인상
	건설 산업 활성화 대책(8.30.)	- 개발제한구역 해제지역 내 미분양 택지를 임대주택용으로 장기임대 - 재개발 조합원에게 이주전세금 신규 지원, 건설자금 융자 이율 인하
	지방 건설 활성화 방안(11.1.)	- 지방 거점도시의 신시가지 개발 및 주택공급확대 - 지방 건설업체의 수주 물량 확보방안 강구
	건설투자 적정화 대책(11.11.)	- 수도권 계획도시 건설: 화성 동탄, 김포 양촌, 성남 판교 - 재개발 주거환경개선사업 활성화 - 국민임대주택 5만 호 추가 건설
2001	지방건설업 및 주택건설 활성화 대책(1.4.)	- 6개 지방 신시가지 및 화성계획도시 개발계획 - 영세민 전월세 보증금 대출한도 인상 및 대출금리 인하 - 임대사업자에 대한 대출금리 인하
	건설 산업 구조조정 및 투자 적정화 방안(5.23.)	- 생애최초 주택구입자에게 주택구입 자금 지원(주택가격의 70%) - 2001년 말까지 구입한 신축주택에 대해 양도소득세 면제, 취·등록세 50% 감면(고급주택제외, 수도권까지 확대)

자료: 건설교통부, 2004, 주택백서의 내용을 재구성

이처럼 2000년대 초반까지 주택경기 활성화를 위한 시장개입을 지속적으로 추진하던 정부는 저금리 시대 이후에는 시장상황에 따른 유연한 시장개입을 추진하게 된다. 또한 적극적으로 서민과 중산층을 위한 임대주택 확보에 나서는 시기이기도 하다.

〈표 2-10〉 저금리시대 이후의 정부개입

시기	대책	주요 내용
2001	서민주거안정을 위한 전월세 종합대책	− 전월세 서민보증금 융자 지원강화 − 임대사업자 세제 및 금융지원확대
	임대주택 건설 활성화대책(5.26.)	− 공동택지 임대주택 공급비율 확대
	전월세 안정화대책(7.26.)	− 소형평형 공급확대
	서민주거생활 안정대책(9.14.)	− 국민임대 3만 5,000호로 확대 − 수도권 매년 600만 평 공공택지 공급
2002	주택시장 안정대책(1.8.)	− 투기세무조사 착수, 기준시가 상향조정
	서민주거 안정대책(5.20.)	− 전세자금 지원대상 확대 − 2003년부터 10년간 국민임대 100만 호 건설
	부동산시장 안정대책(10.11.)	− 투기지역 양도세 실거래가 과세
2003	부동산시장 안정대책(1.15.)	− 5년간 수도권 153만 호 공급, 주택보급률 100% 달성 − 수도권 신도시 후보지 선정
	부동산 가격안정대책 (5.23.)	− 분양권전매제한 부활 − 수도권 투기과열지구 지정
	서민중산층 생활안정대책(5.28.)	− 국민임대주택 5년간 50만 호 건설
	주택시장 안정 종합대책(10.29.)	− 1가구 3주택자 양도세 중과 − 종합부동산세 도입 및 투기지역 LTV 40% 강화
2005	서민주거 안정과 부동산 투기억제를 위한 부동산 제도 개혁방안(8.31.)	− 투기수요 억제 − 2010년까지 연 30만 호 공급, 5년간 택지 4,500만 평 공급 − 실거래가 신고 의무화
2006	서민주거 복지 증진과 주택시장 합리화 방안(3.30.)	− 재건축 개발이익 환수 및 투기 방지 − 주택거래 신고지역 자금조달계획 신고
	부동산시장 안정화 방안(11.15.)	− 2010년까지 수도권 164만 호 공급
2007	부동산시장 안정을 위한 제도개편 방안(1.11.)	− 투기지역 민간 분양가 상한제 및 원가 공개 − 수도권 민간택지 주택 전매제한기간 확대

자료: 국토연구원, 국민은행, 인터넷 자료 포함 재구성

2) 이명박 정부 초기의 주요 주택정책

(1) 도심공급 활성화 및 보금자리주택 건설방안

지난 10년간 연간 50만 호의 수요에도 불구하고 주택공급은 그에 미치지 못하여 공급 부족이 일부 지역에서는 누적되었다. 인구 유입 및 가구증가 등으로 연간 수요가 30만 호인 수도권은 지난 10년간 공급이 연 25만 호 수준에 불과하여 주택 보급률이 정체되었다. 이러한 주택시장의 근본적인 안정을 위해서는 수요에 대응하는 공급이 지속적으로 추진될 필요성이 제기되었다.

특히, 수요가 많은 서울 등 도심 인근에는 공급이 부족하여 주기적인 시장 불안이 야기되었으며, 앞으로도 가구 분화, 주택 멸실, 소득 증가 등으로 2018년까지는 연 50만 호의 주택수요가 발생할 것으로 전망되고 있는 실정이었다. 이러한 상황이 지속되면서 무주택 서민들의 자가보유를 촉진하기 위해서는 저렴한 주택의 대량 공급과 부담 완화를 위한 지원이 필요하게 되었으며, 정부 지원이 없이는 내집마련이 어려운 무주택 저소득 가구가 아직도 292만 가구에 달하는 상황이다.

〈표 2-11〉 주택건설 실적

(단위: 천 호)

구분	'98	'99	'00	'01	'02	'03	'04	'05	'06	'07	'08	'09	'10	연평균
전국	306	405	433	530	667	585	464	464	469	556	371	382	387	488
수도권	149	237	241	304	376	297	206	198	172	302	198	255	250	248
서울	29	61	97	117	160	116	58	52	40	63	48	36	69	79

자료: 국토해양부(2011: 463), 반올림 처리함

이에 정부는 무주택 서민과 저소득층의 주거문제 해결을 위해 공공분양 및 임대주택을 수요자 맞춤형 보금자리주택으로 통합하고 향후 10년간 총 150만 호를 공급하는 것을 주요 내용으로 하는 '도시공급활성화 및 보금자리주택 건설방안'을 2008년 9월 발표하였다. 무주택 서민과 신혼부부 등의 자가보유를 높이기 위해 기존 분양가 대비 15% 내외의 저렴한 부담가능 주택(affordable housing)을 공급하고, 공공임대주택은 소득 및 선호에 따라 선택할 수 있도록 영구임대 공급과 전세형, 지분형 등으로 다양화하였다. 또한 수요자들이 입주시기, 분양가, 입지 등을 자유롭게 선택할 수 있도록 사전예약 방식의 맞춤형 주택공급을 추진하였다.

〈표 2-12〉 보금자리주택 150만 호 건설의 주요 내용

기준	당초(국민임대특별법)	개정(보금자리특별법)
목적	도시외곽의 신도시 개발을 통한 도시확산(sprawl)	도심공급 활성화 등 도시 내 충전개발(infill - development)
초점	입주부담 고려가 미흡	입주자 부담을 고려한 저렴한 주택공급(소득의 30~40%)
중심	공급자 중심 공급체계	수요자의 선호를 고려한 맞춤형 공급(사전예약제)
유형	임대주택 위주 공급	자가보유 촉진과 임대주택 공급을 병행
유형별 구성	국민임대주택 100만 호 건설	소형분양, 영구임대 공급 재개, 전세형 및 지분형 공급으로 다양화

자료: 국토해양부(2009: 195~200)

(2) 서민 주거안정을 위한 보금자리주택 확대공급 및 공급체계 개편방안

지금까지 재건축 등 각종 규제로 인해 수요에 비해 공급이 적어 수도권을 중심으로 주택공급 부족이 누적되었으며, 2008년 이후의 경기침체 영향으로 민간부문을 중심으로 공급감소가 지속되면서

수급불균형이 심화될 것이라는 우려가 증폭되었다. 2008년도에는 19.8만 호가 건설되어 전년대비 34.6%가 감소하였으며 2009년도에도 상반기 기간 6.1만 호가 인허가되어 전년대비 22.3% 감소하는 것으로 나타났다. 이러한 수급불균형의 문제는 공공부문에서 공급위축을 보완하지 않을 경우, 경기가 회복되는 시점에서 수급불균형에 의한 가격상승 문제가 사회문제로 대두되기 시작하였다.

<표 2-13> 외환위기 이후의 집값 상승률

(단위: %)

수도권	'98	'99	'00	'01	'02	'03	'04	'05	'06	'07	'08	'09	'10	'11
공급(만 호)	14.9	23.7	24.1	30.4	37.6	29.7	20.6	19.8	17.2	30.3	19.8			
가격(%)	–	–	3.1	19.2	29.3	10.1	− 2.5	7.2	24.6	4.0	2.9	0.7	− 2.9	0.4

자료: 국민은행. 2012. 전국주택가격동향조사. 가격은 아파트 기준

또한 서민들은 집값이 소득에 비해 지속적으로 상승하여 내집마련 어려움이 가중되었으며, 그 결과 자가점유율이 선진국에 비해 낮은 수준을 나타내게 되었다.[14]

이러한 시장과 서민들의 주거문제 해결을 위하여 향후 10년간 보금자리주택 150만 호 건설계획을 2008년도에 발표하였으나, 보금자리주택이 대부분 신도시 등에 공급되고, 수요자의 관심과 선호가 높은 개발제한구역 내의 물량은 제한적이라는 문제가 제기되었다. 이에 정부는 공급계획 조정과 생애 최초 주택구입자에 대한 지원을 포함한 서민 주거안정을 위한 보금자리주택 확대공급 및

---

[14] 우리나라 자가점유율: 53.3%('95) → 54.2%('00) → 55.6%('05).
　　선진국 자가점유율('00 기준): 미국 68.3%, 영국 69.8%, 일본 61.2%, 네덜란드 53%.
　　주택도시통계편람, 2005, 대한주택공사.

공급체계 개편방안을 2009년 8월 발표하였다.

주요 내용으로는 우선 수도권 청약대기자의 관심이 높은 GB지구 개발을 당초 2018년에서 2012년으로 앞당기고, 2012년까지 수도권 공급물량을 60만 호로 확대하여 수요에 적극적으로 대응하였다. 또한, 근로자 생애 최초 주택구입자 청약제도를 신설하여 기존 장기 가입자의 기득권은 보호하면서, 생애 첫 주택 마련을 원하는 근로계층에게 당첨기회를 제공하기 위해 전체 보금자리의 20%를 근로자로서 생애 최초 주택구입자를 위한 특별 물량으로 지정하였다. 이를 위해 청약경쟁률이 낮은 신혼부부 특별공급분을 30%에서 15%로 낮추고, 전체 공급량을 확대하면서 기존 공급비율을 조정하였다.

〈표 2-14〉 수도권 보금자리주택 분양물량 변화

구분		현재(16만 호 공급)	개편(26만 호 공급)
일반공급(장기가입자)		6.4만 호(40%)	9만 호(35%)
특별공급	신혼부부	4.8만 호(30%)	4만 호(15%)
	생애 최초	–	5만 호(20%)
	다자녀, 장애인 등	4.8만 호(30%)	8만 호(30%)

자료: 국토해양부(2011: 353)

다음으로 보금자리주택이 주변시세의 50~70% 수준 저렴한 가격으로 공급됨에 따라 수분양자의 과도한 개발이익 향유에 따른 문제가 제기됨에 따라 수도권 과밀억제권 공공택지 내 중소형 주택은 계약일로부터 5년간 전매기간이 제한되지만, 그린벨트 내 보금자리주택은 기본 7년, 주변시세의 70% 미만으로 공급되는 경우는 10년으로 전매제한 기간을 강화하였다. 또한 전매제한기간 중 불가피하게 전매 시 공공이 선매권을 행사하도록 하여 시세차익을 환수할 수 있는 장치를 보완하였다. 이와 함께, 5년 거주의무를 부여하여 실수요자 위주 청약 유도 장치를 제도적으로 마련하였다.

2. 공공주택의 공급유형

공공이 주택시장에 개입하는 방식으로는 크게 주택을 시장에 직접적으로 공급하는 직접적인 방식과 조세 등을 활용한 간접적인 방식으로 나눌 수 있다. 또한, 주택시장에 직접적인 공급자로서의 역할은 크게 분양주택의 공급과 임대주택의 공급으로 나눌 수 있다. 이 중 공공재적 성격이 강한 저소득층을 위한 주택의 공급은 주로 임대주택 분야에 집중되어 있었으며, 최근 중앙정부에서 공급하기 시작한 보금자리주택은 저소득층을 위한 새로운 분양주택정책이라고 볼 수 있다. 또한 임대주택 중 일부는 임대의무기간이 경과하면 분양전환이 가능하여 저소득층 주거안정을 위한 효과적인 방법이라고 할 수도 있다.

서울시는 1989년 '서울특별시 주택개량재개발사업 업무지침'을 제정한 이후 지금까지 공공임대주택정책을 시행해 오고 있으며, 현재 11만 호에 이르고 있다. 서울시에 공공임대주택 11만 호가 공급되게 된 것은 1993년부터 서울시에 합동재개발 사업을 펼치게 된 과정에서 세입자들의 주거권에 대한 대책과 관련이 있다. 임대주택 공급을 의무화하고, 1990년 이후부터 꾸준히 임대주택정책을 펼쳐 오면서 서울시민들의 주거권 보장에 큰 역할을 해 오고 있다.

1) 임대주택

　임대주택의 건설 및 공급·관리 등에 대하여 규정하고 있는 '임대주택법'에서는 임대주택의 종류를 크게 건설임대주택과 매입임대주택으로 구분하고 있다. 건설임대주택은 임대사업자가 임대를 목적으로 건설하여 임대한 주택으로서 정부지원 여부에 따라 공공과 민간건설 임대주택으로 세분화할 수 있다. 우선 공공건설임대주택이란 국가 또는 지자체의 재정으로 건설·임대하는 주택, 국민주택기금의 자금을 지원받아 건설·임대하는 주택, 공공사업에 의하여 조성된 택지에 건설·임대하는 주택으로 나눌 수 있으며, 민간건설 임대주택은 공공사업에 의하여 조성된 택지 외의 택지에 민간이 순수한 자기자금으로 건설한 임대주택을 말한다. 매입임대주택은 임대사업자가 매매 등에 의하여 소유권을 취득하고, 임대하는 주택으로 임대 의무기간은 5년으로 규정하고 있다.

<표 2-15> 임대주택법상 임대주택의 종류별 차이점

구분	건설임대주택		매입임대주택
	공공건설임대주택	민간건설임대주택	
임대보증금 및 임대료	- '표준임대보증금 및 임대료', 지역(수도권 및 비수도권)에 따른 임대보증금 상한가 규제 등 ※ 중형공공임대주택(전용면적 85m^2 초과) 및 민간건설 공공택지 외 85m^2 이하, 10년 임대주택 제외	- 제한 없음	- 제한 없음
임대의무 기간	- 5, 10, 20, 30, 50년	- 5년	- 5년
임차인 자격 및 선정	- 무주택 세대주	- 임대사업자가 결정 (제한 없음)	- 임대사업자가 결정 (제한 없음)
우선 매각 의무	- 입주 시부터 매각 시까지 무주택 세대주	- 임대사업자가 결정 (제한 없음)	- 임대사업자가 결정 (제한 없음)
매각 가격 산정기준	- 임대주택법령의 산정기준 ※ 중형공공임대주택(전용면적 85m^2 초과) 및 민간건설 공공택지 외 85m^2 이하, 10년 임대주택 제외	- 임대사업자가 결정 (제한 없음)	- 임대사업자가 결정 (제한 없음)
국민주택기금 지원 여부	- 지원 (세대 당 55~75백만 원, 중도금 8백만 원) * 국민임대: 2,373~5,019만 원	- 지원 없음	- 구입자금으로 호당 6천만 원 지원
주택관리	- 300세대 이상 승강기 설치, 중앙난방의 임대주택은 의무 관리		
특별수선 충당금	- 300세대 이상 승강기 설치, 중앙난방의 임대주택은 의무 적립		

자료: 국토해양부(2009: 235)

이러한 임대주택은 분양으로 전환이 가능함으로써 저소득 주거 안정에 기여할 수 있다. 임대주택의 분양전환이 가능한 경우는 민간임대사업자가 다른 임대사업자에게 매각하는 경우, 임대사업자가 파산 또는 경제적 사유로 임대를 계속할 수 없어 임차인에게 우선 매각하고자 허가를 얻은 경우, 임대의무기간이 5·10년인 건설임대주택과 매입임대주택은 임대의무기간의 1/2이 경과한 후 임대사업자와 임차인이 합의하는 경우 등 세 가지로 볼 수 있으며, 우선 분양대상자는 대부분 무주택 임차인이 대상이 된다.

이러한 임대주택에 대해서는 다양한 지원이 제공된다. 첫째, 택지공급 지원을 들 수 있다. 공공개발 택지 중 공동주택 건설용지의 40% 이상을 임대주택 건설에 우선 공급[15]하도록 되어 있다.

〈표 2-16〉 임대주택용지 조성원가대비 공급가격 기준

구분	수도권·부산권	광역시	기타 지역
전용 60m^2 이하	60%	60%	60%
60m^2 초과 85m^2 이하	80~85%	70%	60%
85m^2 초과 149m^2 이하		감정가격	

자료: 국토해양부(2009: 239)

둘째, 임대주택에 대한 국민주택기금 지원을 하고 있다. 소형(전용 60m^2 이하) 공공임대 물량에 대해서는 호당 최고 5,500만 원까지 연 3%의 이자로 지원을 하고 중형(60~85m^2) 공공임대에 대해서는 호당 최고 7,500만 원의 금액을 연 4.0%의 저리로 융자해 주고 있다. 매입 임대주택의 경우 구입자금을 호당 6,000만 원, 연 5.0% 이율로 지원해 주고 있다. 기타 세제 지원은 아래 〈표 2-18〉과 같다.

〈표 2-17〉 국민임대주택 건설을 위한 재정 및 기금지원

구분	구분	계	재정	주택기금	사업자	입주자
유형별	Ⅰ형(36~52)	100%	40%	40%	10%	10%
	Ⅱ형(53~62)	100%	20%	45%	10%	25%
	Ⅲ형(63~79)	100%	10%	50%	10%	30%

자료: 국토해양부(2009: 239)

---

15) 임대주택법 제4조 및 택지개발업무처리지침 제21조.

〈표 2-18〉 세제지원

구분		전용면적별(m^2)				주요 요건 및 근거
		~40	40~60	60~85	85~149	
취득세	건설	면제		25% 감면		○ 신축공동주택 　- 60m^2 이하: 임대의무기간 이상 임대 　- 60~149m^2: 20호 이상 취득 또는 20호 이상 보유자가 추가 취득 시, 장기임대목적(10년 이상) 임대
	매입	면제		25% 감면		○ 최초로 분양받는 공동주택 　- 건설임대와 동일
재산세	건설	면제	50% 감면	25% 감면	-	○ 공동주택 　- 2호 이상 임대의무기간 이상 임대한 경우
	매입	면제	50% 감면	25% 감면	-	○ 공동주택 　- 2호 이상 임대의무기간 이상 임대
종합부동산세	건설	합산배제				○ 임대 개시 당시 공시가격 6억 원 이하 　- 2호 이상, 5년 이상 임대
	매입	합산배제				○ 임대 개시 당시 공시가격 3억 원(수도권 6억 원) 이하 ○ 1호(수도권 3호) 이상, 5년 이상 임대
양도소득세	건설	중과배제				○ 취득 당시 국세청 기준시가 6억 원 이하 　- 2호 이상 5년 임대
	매입	중과배제				○ 취득 당시 국세청 기준시가 3억 원(수도권 6억 원) 이하 　- '03.10.29. 이전: 2호 이상, 5년 이상 임대 　- '03.10.29. 이후: 1호(수도권 3호) 이상, 5년 이상 임대
법인세	건설	면제				○ 취득 당시 국세청 기준시가 6억 원 이하 　- 2호 이상, 5년 이상 임대
	매입	면제				○ 1호(수도권 3호) 이상, 5년 이상 임대

자료: 국토해양부(2011: 234)의 내용을 재구성

(1) 국민임대주택

　국민임대주택이란 저소득층의 주거안정을 위해 정부 또는 지방자치단체의 재정 및 국민주택기금 지원으로 한국토지공사와 지자체가 건설·공급하여 30년 이상 임대하는 주택을 말한다.

　이러한 국민임대주택은 저소득층의 주거안정을 위해 정부가 직접적으로 시장에 개입하는 강력한 수단으로, 입주자격에 있어서도 다른 주택과 달리 엄격한 제한을 두고 있다. 전용면적 $50m^2$ 미만의 경우 무주택 세대주로서 월평균소득이 전년도 도시근로자 가구당 월평균소득이 70% 이하인 자에게 공급하고 50% 이하인 자에게 우선적으로 공급하도록 하고 있다. 자세한 내용은 아래 〈표 2-19〉와 같다.

〈표 2-19〉 국민임대주택 입주자격

구 분	입 주 자 격
전용 $50m^2$ 미만	무주택 세대주로서 월평균소득이 전년도 도시근로자 가구당 월평균소득이 70%('10년 2,805천 원) 이하인 자(다만, 50% 이하인 자에게 우선 공급)
전용 $50m^2$~ $60m^2$ 이하	청약주택에 가입한 무주택 세대주로서 월평균소득이 전년도 도시근로자 가구당 월평균소득이 70%('10년 2,805천 원) 이하인 자
전용 $60m^2$ 초과	청약저축에 가입한 무주택 세대주로서 월평균소득이 전년도 도시근로자 가구당 월평균소득의 100%('10년 4,007천 원) 이하인 자

자료: 국토해양부(2011: 236). 2010년 도시근로자 월평균소득: 400.7만 원

이러한 국민임대주택은 영구임대주택과 여러 가지 차이를 보이고 있다. 영구임대주택은 도시 영세민들의 주거안정을 위해 정부에서 사업비의 85%를 재정지원하여 건설한 임대주택으로 전용면적 $23~43m^2$의 소형 위주의 총 19만 호를 1989년부터 1992년까지 건설하였다. 이에 비해 국민임대주택은 1998년부터 저소득층의 주거안정을 위해 정부에서 재정 및 국민임대주택기금을 지원하여 건설하는 임대주택으로 건설평형도 $53~79m^2$으로 다양화하여 입주민의 소득수준과 가족 수 등에 따라 선택이 가능하도록 하였다.

<표 2-20> 국민임대주택과 영구임대주택과의 차이

구분	공급대상	건설규모	건설호수	재원구성
국민임대	·$50m^2$ 미만: 도시근로자 월평균소득의 50% 이하인 무주택 세대주 ·$50m^2$ 이상: 도시근로자 월평균소득의 70% 이하인 청약저축 가입 무주택 세대주	·전용 $60m^2$ 이하	670,183호 ('98~'08) -주공: 613,914 -지자체: 56,269	재 정: 10~40% 기 금: 40~50% 입주자: 10~30% 자기자금: 10%
영구임대	·생활보호대상자 등 법정영세민(현행: 국민기초생활 수급대상자)	·전용 $23~43m^2$	190,077호 -주공: 140,078 -지자체: 49,999	재정: 85% 입주자: 15%

자료: 국토해양부(2009: 243)의 내용을 재구성

(2) 다가구 매입임대

2004년 1월 기초생활수급자 등 저소득층이 현 생활권에서 거주할 수 있도록 다가구 주택 등을 매입하여 임대하는 매입임대 시범사업이 추진되었다. 시범사업을 거쳐 주공 또는 지자체가 기존주택을 매입, 개·보수한 후 저렴하게 임대하는 사업을 확대 추진하였다. 사업시행자는 LH공사와 지방공사이며 단독주택, 다가구주택, 다중주택, $85m^2$ 이하의 공동주택을 대상으로 하고 있다.

공급방식별로는 일반가구용 매입임대, 공동생활가정 매입임대, 단신계층용 매입임대 등 다양한 공급방식을 선택하고 있으며, 임대보증금 및 임대료는 시중 임대료 감정가의 50% 이내에서 시행자가 결정하도록 되어 있다. 이리한 임대료의 산정은 실질적으로 영구임대주택 수준에서 이루어진다고 할 수 있다.

구체적으로 살펴보면 일반가구용 매입임대의 경우 도심 내 최저소득계층이 현 생활권에서 현재의 수입으로 거주할 수 있도록 기존주택을 매입하여, 저렴하게 임대하도록 하여 임대주택을 분산 공급하는 효과와 임대주택 거주민의 사회적 격리와 슬럼화를 방지하는 것에 목표를 두고 있다. 공동생활가정 매입임대사업은 사회생활에 적응하기 어려운 장애인 등 사회취약 계층을 가정과 같은 주거환경에서 가족적인 보호를 통해 지역사회에 적응하게 하고, 나아가 자립과 사회통합을 목적으로 하는 프로그램으로, 다가구주택 등 매입임대주택을 저렴하게 임대함으로써 사회취약계층의 주거안정과 자립을 도모하기 위하여 시행되었다. 공동생활가정 매입임대의 입주대상자는 장애인, 보호아동, 노인, 미혼모, 성폭력 피해자 등 특수계층에 한정하며, 입주자는 비영리단체 등 운영기관이 정한 규정에 따라 선정 및 퇴거를 결정한다. 입주자의 임대료는 무료를 원칙으로 하며, 최소한의 운영경비를 징수할 수 있도록 하고 있다.

(3) 전세임대주택

매입임대 방식이 도심 내 임대주택의 공급을 확대하는 방식으로는 바람직하지만 일정지역에 대량매입을 할 경우 지역 집값 불안 자극, 집값 상승 시 매물부족 또는 매입비 상승 등 부작용이 있을 수 있어 이러한 부작용에 대한 대안적 공급방안으로 전세임대주택 지원사업이 시도되었다.

전세임대주택은 LH공사 또는 지자체가 기존 주택에 대해 전세계약을 체결한 후 저소득층에게 재임대하는 제도이며 2005년 4월 처음 논의되었다. 공급방식별 임대유형으로는 영세민 전세임대, 공동생활가정 전세임대, 부도임대아파트 퇴거자 전세임대, 신용보증

거절자 전세임대 등으로 구분되며 가구당 지원한도액은 아래 〈표 2-21〉과 같다.

〈표 2-21〉 가구당 지원한도액

(단위: 만 원)

구분	수도권	광역시	기타 지역
영세민 부도임대 퇴거자 보증 거절자	7,000	5,000	4,000
공동생활가정	10,000	10,000	7,000
쪽방·비닐하우스 거주자	7,000 (쪽방 5,000)	5,000	4,000

자료: 국토해양부 홈페이지, http://www.mltm.go.kr

2) 공공분양주택

공공분양주택이란 국가나 지방자치단체, LH공사나 SH공사 등 공공기관에서 분양하는 주택으로 전용면적 $85m^2$ 이하 주택의 경우에는 무주택 세대주에게 공급하는 것을 원칙으로 하되 청약저축 가입자에게 우선 분양하고 있다.

주택청약저축 혹은 주택청약종합저축 가입자인 무주택 세대주를 대상으로 순위에 따라 공급하며 서울을 포함한 수도권 지역의 경우 청약저축에 가입하여 2년 이상이 경과한 자로 매월 약정 납입일에 월납입금을 24회 이상 납입한 무수택 세내주를 대상으로 1순위 자격을 부여하고 있다. 최근 공공분양주택은 보금자리주택으로 통합되었으며 3자녀 이상 특별공급, 노부모 부양 특별공급, 신혼부부 특별 공급 등 다양한 특별공급을 실시하여 무주택 세대주들의 내집마련을 돕고 있다. 민간분양과 달리 공공분양 주택은 저소득 서민들에게 보다 저렴하게 공급하는 것이 목적이므로 일반적으로 민간분양에 비해 저렴한 편이다.

(1) 보금자리주택 이전의 분양주택

1992년부터 시행하고 있는 공공분양주택은 최초부터 분양하는 주택과 5년간 임대하는 형태 두 가지로 나누어 볼 수 있으며, 현재는 최초부터 분양하는 주택과 임대주택으로 구분될 수 있다. 과거 임대 후 분양전환분은 분양 시의 공급가격을 미리 결정해 준다는 점에서 차이를 나타내고 있으며, 이는 차후 분양가를 둘러싸고 입주자와의 분쟁을 막기 위해 채택되었다. 또한 분양대상자의 부담을 덜어 주기 위해 20년간의 기간 동안 분양금을 상환토록 하였으며, 재원부담은 정부재정 30%, 주택기금 20%, 입주자 30% 수준으로 운용되었다.

연도별 건설실적을 살펴보면 공공부문의 분양주택은 1992년 이후 증가세를 보이다가 1996년 이후 점차 감소하는 추세를 보여 2008년에는 5만여 호 수준의 건설 실적을 보였다. 하지만 임대 물량은 10만 호 수준을 유지하고 있어서, 공공부문이 저소득 주거를 해결하기 위해 임대주택 물량 확보에 더욱 힘쓰고 있는 것을 알 수 있다.

〈표 2-22〉 부문별 주택건설 실적

(단위: 천 호)

구 분	'92	'93	'94	'95	'96	'97	'98
계	575	695	623	619	592	596	306
공공부문	195	227	258	228	232	219	131
·분양	132	186	183	146	121	94	37
·임대	63	41	75	82	111	125	94
민간부문	380	468	365	391	360	377	175

구 분	'99	'00	'01	'02	'03	'04	'05
계	405	433	530	667	585	464	463
공공부문	151	140	128	124	121	124	141
·분양	42	44	25	37	35	28	41
·임대	109	96	103	87	86	96	100
민간부문	254	293	402	543	464	340	322

구 분	'06	'07	'08	'09	'10
계	470	556	371	382	387
공공부문	144	157	141	168	139
·분 양	44	52	51	99	74
·임 대	100	105	90	69	65
민간부문	326	399	230	214	248

자료: 국토해양부(2011: 457)

(2) 보금자리주택

　보금자리주택은 공공이 건설하는 중소형 분양주택과 임대주택을 포괄하는 새로운 개념으로 국민들이 저렴한 비용으로 원하는 위치에, 원하는 주택에서 거주할 수 있도록 하는 수요자 중심의 종합주택이다. 공공이 재정 또는 기금의 지원을 받아 건설 또는 매입하여 분양 또는 임대하며 과거 공급자 위주의 일방적인 공급에서 벗어나 소득계층별 수요에 부응하는 다양한 주택을 공공이 신속하게 공급하기 위해 도입된 수요자 맞춤형 주택이다.

이러한 보금자리주택은 크게 두 가지 문제점을 해결하기 위해 도입되었다고 볼 수 있다. 우선 무주택 서민들의 자가보유를 촉진하기 위해서는 저렴한 주택의 대량 공급과 부담 완화를 위한 체계적인 지원의 필요성이 절실하게 요구되었다. 지난 10년간 수도권을 중심으로 한 주택가격은 저소득층의 소득에 비해 크게 상승하여 무주택 서민들의 내집마련 어려움이 가중되었고, 정부의 지원 없이는 내집마련이 어려운 무주택 저소득 가구 수도 지속적으로 증가하였다. 다음으로 자가보유가 어려운 저소득층을 위한 임대주택이 적재적소에 공급된 것이 아니라 무조건적인 물량 위주로 공급되면서 많은 문제점을 야기하였다. 현재 공급되는 국민임대주택 최소형($36m^2$)도 임대료의 부담이 높아 최저소득층의 입주가 곤란한 실정이며, 2007년 말 현재 영구임대주택의 대기자가 7만 명에 달하는 실정이 되었다. 또한 도시 영세민은 일자리 등을 위해 도시 내 거주가 불가피하지만, 도심 내 임대주택은 크게 부족한 실정이다.

이와 같은 임대주택시장의 문제점을 개선하기 위하여 사업절차를 간소화하여 공공에서 도심인근의 그린벨트 등지에 부담 가능한 가격으로 신속한 공급을 추진하고, 경기침체에 따른 중장기 수급불안 방지 및 공공주택 건설을 통한 경기 활성화에 기여하기 위하여 보금자리주택제도를 도입하였다. 지금까지의 물량 위주 임대주택 건설에서 벗어나 임대료가 시세의 30%인 영구임대를 비롯한 소득 및 선호도에 따른 전세형, 지분형 등 다양한 임대주택의 공급과 내집마련 촉진을 위해 기존 분양가보다 15% 저렴한 중소형 분양주택 등을 통합하여 공급하는 것이 보금자리주택이다.

공공은 무주택 서민을 위해 2018년까지 150만 호를 직접 건설하여 공급하고, 수도권 100만 호, 지방 50만 호 공급을 목표로 추진되고 있다. 유형별로 살펴보면 중소형 분양주택 70만 호, 국민임대 및 10년 공공임대주택 등 임대주택 80만 호를 공급하기로 하고, 특히, 저소득층을 위한 영구임대주택 10만 호를 공급하기로 하였다. 또한, 보금자리주택단지에서는 공공이 직접 건설하는 150만 호 이외에 민간에도 중대형 분양주택 용지를 공급하여 50만 호를 추가로 건설하기로 하였다.

보금자리주택은 '보금자리주택 특별법'을 마련하여 추진하며 원활한 택지를 공급하기 위하여 수도권 내 개발제한구역을 해제하여 $78.8km^2$를 광역도시계획 변경고시로 확보하였다.

〈표 2-23〉 보금자리주택 공급유형

유형		호수	프로그램 내용
분양주택		70만	• 중소형 저가주택 공급
임대 주택	공공 임대 (10년 임대)	20만	• 10년간 임대 후 분양전환 • '지분형 임대주택' 위주로 공급하여 서민들의 점진적 자가소유를 촉진(능동적 복지 구현)
	장기 전세 (10~20년 임대)	10만	• 월임대료 부담이 없는 '장기 전세형'으로 공급하여 수요자들에게 다양한 선택기회 부여(도심 위주로 공급)

	장기 임대
	(30년 이상)
		50만	• 국민임대 40만: 시중가의 60~70%로 공급
			  (소득에 따른 차등임대료제, 전세·월세 선택제)
			• 영구임대 10만: 최저소득층을 위해 공급재개
			  (재정지원으로 시중가의 30%로 공급)

자료: 보금자리주택 홈페이지의 내용을 재구성, http://portal.newplus.go.kr

3. 서울시 주택시장에 대한 공공개입

1) 서울시의 개입 필요성

서울시민이 체감하는 삶의 질을 떨어뜨리는 서울의 주택문제는 낮은 주택보급률, 불안정한 주택 가격, 주거환경 악화 등으로 중산층과 서민 모두 주거안정 및 주거의 쾌적함이 위협받는 상황으로 요약할 수 있다. 전 국토 면적의 0.6%에 불과한 서울에 전 인구의 21.6%가 거주하는 상황에서 2010년 서울의 주택보급률은 97.0%로서 다른 지역에 비해 주택의 절대량은 부족하고, 집값과 임대료가 계속 올라가 서민들의 주거비 부담이 과도한 실정이다.

〈표 2-24〉 주택보급률

(단위: %, 천 가구, 천 호)

연도	전국			수도권			서울		
	보급률	주택수	가구수	보급률	주택수	가구수	보급률	주택수	가구수
'05	98.3	15,663	15,887	96.0	7,165	7,462	93.7	3,102	3,310
'06	99.2	15,978	16,105	95.7	7,302	7,628	94.1	3,151	3,350
'07	99.6	16,295	16,634	95.0	7,419	7,813	93.2	3,172	3,403
'08	100.7	16,733	16,619	95.4	7,625	7,994	93.6	3,232	3,454
'09	101.2	17,071	16,862	95.4	7,796	8,169	93.1	3,258	3,501
'10	101.9	17,672	17,339	99.0	8,173	8,254	97.0	3,400	3,504

자료: 국토해양부(2011: 441)

2000년 서울의 가구 연소득 대비 주택가격 지수(Price Income Ratio: PIR)는 7.9였으며 2008년에는 7.5로 나타나 개선이 크게 이루어지고 있다고 볼 수 없으며 2003~07년까지의 집값 상승률이 30%를 넘고 있어 서민들의 내집마련에 어려움이 가중되고 있다. 또한, 서울시민의 주거소비수준도 낮은 편이다. 우선 주거면적 측면에서도 협소하다. 서울시민 1인당 주거면적은 5.7평으로 구미(歐美) 대도시 1인당 주거면적 9.4평의 60% 수준에 불과하다.

저소득층은 과도한 임대료 부담과 질 낮은 주택, 주거환경 악화라는 3중고에 시달리고 있다. 저소득층 밀집지역은 주차장과 소방도로의 부족, 쓰레기수거불량과 치안불안 등으로 주거환경이 극도로 악화되어 있다. 사회적 약자인 보행이 불편한 노인과 장애자의 거주에 적합한 주택의 공급 및 개조지원체계는 결여되어 있다고 해도 과언이 아니다. 주택 가격의 앙등으로 낮은 임대료 부담을 위해 불가피하게 도심 외곽에서 주거를 찾는 비자발적 직주분리 현상이 일어나고 있어 출퇴근 교통수요의 확대를 초래하는 한편 이는 과도한 교통량을 발생하고 대기를 오염시키는 원인이 된다.

그러나 서울시 내에서의 주택공급능력은 최대 80만 가구에 불과한 실정이다. 서울시 현 일반주거지역 $277.16km^2$에 대해 용적률 300%를 적용해 국민주택 규모의 주택을 짓는다고 가정할 때 최대 공급능력은 180만 가구 정도이며, 멸실 주택 등을 감안하면 실질적인 공급물량은 160만~170만 가구로 추정[16]된다.

재개발과 재건축을 통한 공급이 이루어지더라도 수요에 비해 공급 여력이 부족한 것으로 추정된다. 주택보급률 산정 방식의 차이에 따라 부족 물량의 차이가 있으나 향후 서울 및 수도권에서는 아파트와 같이 동거가 불가능한 주택의 수요가 더욱 늘 것으로 전

---

16) 장성수, 2004, "서울의 사례로 본 도시계획과 주택정책", 월간주택, 주택산업연구원, 95~100쪽.

망된다. 특히 서울시민들은 다가구 주택이나 오피스텔 등을 아파트에 비해 열등재 내지는 대체재적인 성격의 주거로 평가하기 때문에 삶의 질 형성의 기본이 되는 주거공간을 아파트 형태로 확보하고자 노력하고 있다.

이처럼 수요가 많은 서울 등 도심 인근에는 공급이 부족하여 주기적 시장불안을 야기하였으며, 서울시의 경우 필요주택은 연 10만 호 수준이나 1994년 이후에는 4만 호에서 6만 호 정도의 주택건설을 나타내 다른 지역에 비해 더 큰 문제점을 야기하였다. 앞으로도 가구 분화, 주택 멸실, 소득 증가 등으로 2018년까지는 연 50만 호의 주택수요가 발생할 것으로 전망되고 있다.[17]

이와 같은 상황에서 무주택 서민들의 자가보유를 촉진하기 위해서는 저렴한 주택의 대량 공급과 부담 완화를 위한 지원이 필요하게 되었으며, 지난 5년간 집값이 수도권을 중심으로 소득에 비해 크게 상승하여 무주택 서민들의 내집마련 어려움이 가중되었다. 또한, 서울시의 직접적인 지원이 없이는 내집마련이 어려운 무주택 저소득 가구가 다른 지역보다 매우 높은 실정이기에 주택문제 해결을 위한 정부개입의 필요성이 지속적으로 요구되었다.

---

17) 국토해양부 홈페이지, http://housing.mltm.go.kr

<표 2-25> 매매가격 동향

(단위: %)

구분	'98	'99	'00	'01	'02	'03	'04	'05	'06	'07	'08	'09	'10	'11
전국	-12.4 (-13.6)	3.4 (8.5)	0.4 (1.4)	9.9 (14.5)	16.4 (22.8)	5.7 (9.6)	-2.1 (-0.6)	4.0 (5.9)	11.6 (13.8)	3.1 (2.1)	3.1 (2.3)	1.5 (1.6)	1.9 (2.5)	6.9 (9.6)
수도권	-	-	2.3 (3.1)	13.9 (19.2)	21.8 (29.3)	7.4 (10.1)	-2.9 (-2.5)	5.1 (7.2)	20.3 (24.6)	5.6 (4.0)	5.0 (2.9)	1.2 (0.7)	-1.7 (-2.9)	0.5 (0.4)
서울	-13.2 (-14.6)	5.6 (12.5)	3.1 (4.2)	12.9 (19.3)	22.5 (30.8)	6.9 (10.2)	-1.4 (-1.0)	6.3 (9.1)	18.9 (24.1)	5.4 (3.6)	5.0 (3.2)	2.7 (2.6)	-1.2 (-2.2)	0.3 (-0.4)
강북	-11.1 (-16.6)	2.0 (8.1)	1.4 (2.7)	7.7 (14.4)	16.3 (22.6)	2.9 (3.5)	-1.2 (-0.6)	3.3 (3.2)	14.8 (19.0)	8.7 (8.3)	8.8 (9.4)	1.9 (0.9)	-1.4 (-2.7)	0.3 (-0.2)
강남	-15.3 (-13.5)	9.1 (15.3)	4.4 (5.0)	17.5 (22.0)	27.4 (35.2)	10.5 (14.3)	-1.6 (-1.3)	9.4 (13.5)	22.7 (27.6)	2.6 (0.5)	1.3 (-1.9)	3.4 (3.9)	-1.0 (-1.8)	0.3 (-0.6)

자료: 국민은행. 2012. 전국주택가격동향조사. 통계표의 내용을 재구성. 괄호 안은 아파트

특히, 자가보유가 어려운 저소득층을 위한 임대주택은 물량 위주의 공급으로 많은 문제를 야기하였으며, 현재 공급되는 국민임대주택 최소형(36㎡형)도 임대료 등의 부담이 높아 최저소득층(1분위)[18]의 입주가 곤란한 실정이다. 그 결과, 2007년 말 현재 영구임대주택(임대료·보증금 등으로 월 10만 원 수준 부담)의 대기자가 7만 명에 달하는 실정이며, 도시 영세민은 일자리 등을 위해 도시 내 거주가 불가피하나, 도심 내 임대주택은 크게 부족하게 되었다. 2004~07년간 다가구 매입임대주택 등 도심 내 임대주택은 약 3만 호 공급에 불과한 실정이었으며, 평균 입주경쟁률 또한 10:1을 나타내는 등 수요와 공급은 지속적으로 불균형을 나타냈다. 이러한 가운데 '임대주택＝저소득층 주거'라는 인식으로 계층 간 주거분리, 단지 슬럼화 등의 부작용이 발생하였다. 저소득층의 주거불안 해소 및 무주택 서민의 내집마련을 촉진하기 위해 중앙정부는 보

---

18) 국민임대주택 입주자 부담(36㎡형, 임대료·보증금·관리비 등): 월 25만 원 수준 > 1분위 월평균소득(98만 원)의 25%(24만 원).

금자리주택 150만 호 건설계획을 발표(2008.9.19)하였으며, 사업절차를 간소화(개발·실시계획 통합 등)하여 공공에서 도심인근(보전가치가 낮은 GB 등)에 부담 가능한 가격으로 신속 공급하도록 하였으며, 서울시는 다양한 임대주택의 새로운 형태로 장기전세주택을 새롭게 제시하였다. 이는 공공이 주택시장에 직접 공급하는 형태로 주택정책의 초점을 시장기능의 정상화, 안정적 주택공급, 주거복지에 맞추고 주택시장 안정을 통하여 서민주거안정을 기하고자 중장기적인 공급확대 대책과 투기 가수요를 억제하는 대책을 병행하여 추진하고 있다.

2) 서울시 주택시장에서의 공공개입

서울시에서 불량주택의 발생과 주거지의 쇠퇴는 우리나라 도시의 발전과 맥락을 같이한다. 도시화가 급속히 진전되면서 서울로 이주한 이농인들이 불량주거촌을 최초로 형성하기 시작하였으며, 지방 유입인구가 지속적으로 증가하면서 주택의 최소수준에 미치지 못하는 불량주택단지가 늘어나게 되었다. 또한 1960년대 이후 적극적인 경제개발로 서울은 더욱 포화상태에 이르렀으며, 대량의 유입인구는 정상적인 주거공간을 구매할 수 있는 경제적 능력을 가지고 있지 못하였기 때문에 주택의 수준은 더욱 낮아지게 되었다. 이러한 주택시장에 있어서 불량주거지를 정비하고 저렴주택을 공급하여 서민의 주거안정을 이루기 위해 공공은 주택시장에 직접적 또는 간접적으로 개입하게 되었다.

서울시는 1989년 처음으로 직접 분양주택을 공급하기 시작하여 2010년 5월까지 총 18만 9,500호의 주택을 직접 공급하였다. 이

중 7만 6,000여 호는 분양주택으로, 11만 2,000여 호는 임대주택으로 공급하였다. 분양주택과 임대주택은 그 종류가 다양하고, 공급시기도 조금씩 차이가 있는데, 그 내용은 〈표 2-26〉과 같다.

〈표 2-26〉 분양주택 공급현황*

연도	총계 계	총계 임대	총계 분양	택지개발 영구임대	택지개발 공공임대	택지개발 국민임대	택지개발 분양	장기전세	주거환경 임대	주거환경 분양	재개발임대	기타(다가구 등) 임대	기타(다가구 등) 분양
계	189,500	112,948	76,552	22,370	17,432	10,480	71,435	9,884	1,963	4,222	48,123	2,696	895
'89	640	640		640									
'90	7,893	1,979	5,914		1,979		5,914						
'91	15,556	8,978	6,578	6,954	2,024		6,578						
'92	9,752	5,720	4,032	4,490	1,230		4,032						
'93	9,517	5,356	4,161	5,039			4,161				317		
'94	8,564	4,942	3,622	3,171	1,621		3,622				150		
'95	11,695	6,791	4,904	1,906	3,859		4,798		73	106	953		
'96	7,949	3,864	4,085		660		2,155		839	1,930	2,365		
'97	6,777	3,533	3,244				2,568		348	676	3,185		
'98	11,905	7,353	4,552		2,047		4,326		267	226	5,039		
'99	13,392	9,273	4,119		691		3,657		283	462	8,299		
'00	16,846	13,207	3,639		2,306		3,045			290	10,892	9	304
'01	8,325	6,235	2,090	170			1,484			130	6,065		476
'02	5,748	4,399	1,349				882			352	3,186	1,213	115
'03	4,227	2,688	1,539		820		1,539				1,835	33	
'04	2,690	1,199	1,491				1,491				1,199		
'05	1,463	934	529		195		529				739		
'06	2,503	1,783	720			654	720				1,129		
'07	15,946	7,196	8,750			4,453	8,750	2,016			537	190	
'08	10,267	7,220	3,047			3,227	2,997	2,625		50	1,118	250	
'09	13,007	6,998	6,009			1,823	6,009	3,243	153		791	988	
'10	4,838	2,660	2,178			323	2,178	2,000			324	13	

자료: SH공사 내부자료, 2010년 5월 15일 기준

제 3 장

장기전세주택이
주택에 대한 인식변화에
미치는 영향 분석

제1절 인식변화에의 영향력 파악을 위한 분석모형

1. 조사의 설계

1) 설문지의 설계

인식변화를 알아보기 위한 설문은 일반인과 전문가의 두 그룹으로 이원화하여 설계하였다. 이들은 주택정책의 수요자와 공급자이기도 하고, 입주자와 비입주자이기도 하다.

입주자 조사의 경우 기초조사로 현재 살고 있는 장기전세주택 단지와 연령, 성별 및 입주 기간 등을 우선적으로 조사하였으며, 장기전세주택의 주거환경에 대한 만족도, 장기전세주택의 불만족스러운 점, 장기전세주택 입주 전후의 주택구매 의향 변화, 장기전세주택 입주 후의 주택에 대한 개념변화와 그러한 변화를 가져온 요인들을 항목으로 설정하였다. 또한 장기전세주택에 대한 선호도와 장기전세주택 입주 사유, 장기전세주택의 인식전환 기여도 등을 포함하였다.

전문가 조사는 정책입안부서와 정책실행부서로 크게 구분하여 조사하였다. 서울시 주택국과 국토해양부는 정책 입안부서로, LH공사와 SH공사는 정책실행부서로 나누어 정책목표달성도를 분석하기 위한 설문지를 작성하였다. 우선 공공의 주택공급정책의 적절성을 분석하기 위해 현재 재원마련의 적절성, 적절한 분양가 책정 기준, 공공의 시장개입방식에 대한 설문을 마련하였다. 또한 이러한 공공주택의 공급이 실제 시민의 인식전환에 어떻게 기여하였는지에 대한 분석을 위해 주택에 대한 인식, 장기전세주택 공급 전후 인식의 변화 정도, 목표달성을 위해 필요한 요소, 정책 선호도 등을 조사하였다. 또한 각 유형별 사업추진성과와 적절한 가격 수준, 장기전세주택의 성과 등을 설문하였다.

〈표 3-1〉 설문의 내용

구분	대분류	세분류	척도
거주민 조사	장기전세주택 관련 사항	주택 구입 의향, 장기전세 입주 후 주택 개념의 변화 정도	명목
		장기전세주택 만족도, 입주 사유, 장기전세주택의 인식전환 기여도 및 사유	명목, 리커트
		장기전세주택 확대 공급을 통한 주거 패러다임 전환 가능 여부	리커트
	기초조사	성별, 연령, 가구소득, 학력	명목
전문가조사	인식변화	주택의 개념, 장기전세주택 공급 전후의 인식변화 정도, 인식변화의 사유, 소유에서 거주로 인식전환 달성도, 목표달성을 위해 필요한 요소, 정책 선호도	리커트, 명목, 서열
	장기전세주택	장기전세주택 입주의사 및 사유, 인식전환 기여 여부, 정책효과 달성을 위해 필요한 기간 및 물량	리커트, 명목, 서열
	전문가 기초조사	연령, 성별, 주택소유 여부, 학력, 월평균소득, 업무 종사 기간	명목

2. 조사의 방법

조사는 일반시민에 대한 조사와 전문가 조사로 나누어 실시하였다.

일반 시민은 장기전세주택 거주민을 대상으로 비치용설문조사와 전화조사를 병행하였다. 또한 전문가 조사에 있어서는 정책입안부서인 서울시 주택국과 국토해양부, 정책실행부서인 LH공사와 SH공사로 나누어 실시하였다. 전문가 조사의 경우 대면조사를 실시하였으며 각각의 기관별로 25부씩 조사하였다.

조사는 3월 10일~4월 10일까지의 예비조사를 거쳐 4월 20일부터 5월 20일까지 본 조사를 실시하였다. 전문가 조사는 대면조사를 통해 직접 회수하였으며, 입주자 조사는 장기전세주택이 위치한 지구별로 30부씩 할당하여 총 210부 중 166부의 설문을 회수하였다. 전문가 조사는 100%의 회수율을 나타냈으며, 입주자 조사는 79%의 회수율을 나타냈다. 조사의 분석에는 SPSS(12.0)와 Excel (2007)을 사용하여 분석하였다.

〈표 3-2a〉 입주자 조사설계

구분	내용
조사대상	장기전세주택 입주자
표본크기 및 회수율	표본크기: 166, 회수율: 79%(166/210)
표본추출방법	판단표본추출법(judgement sampling)에 의한 전수조사
조사방법	설문지를 통한 대면조사
조사시기	2010년 4월 20일~2010년 5월 20일

〈표 3-2b〉 전문가 조사설계

구분	내용
조사대상	서울시 주택국, 국토해양부, LH공사, SH공사
표본크기 및 회수율	표본크기: 100부(그룹별 25부), 회수율: 100%(100/100)
표본추출방법	판단표본추출법(judgement sampling)에 의한 전수조사
조사방법	설문지를 통한 대면조사 및 우편조사
조사시기	2010년 4월 20일~2010년 5월 20일

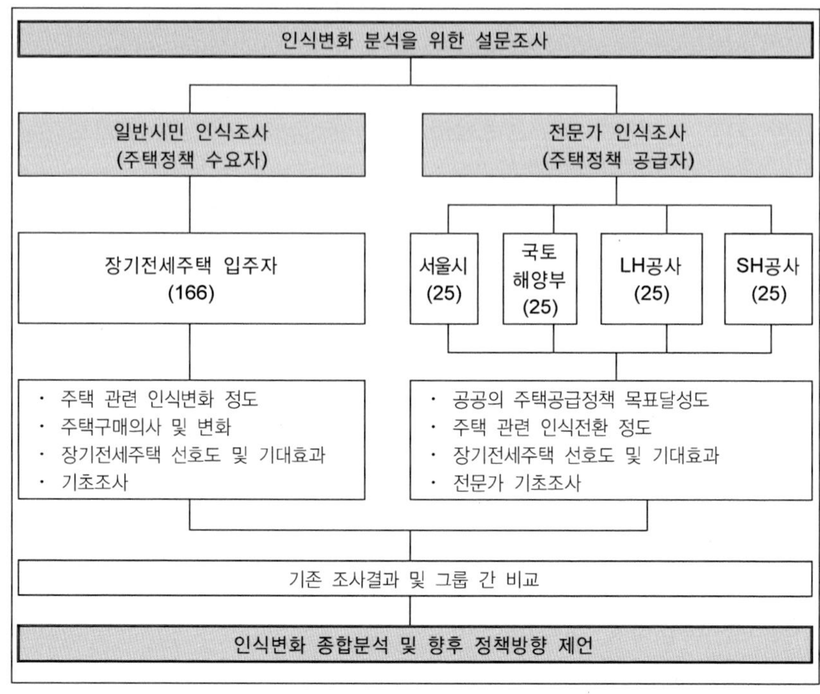

〈그림 3-1〉 조사의 설계

3. 설문조사 대상자의 특성분석

1) 일반인 설문조사의 응답자 특성

일반인 조사대상으로 설정한 장기전세주택 입주자의 경우, 전체 응답자는 166명이다. 전체 장기전세주택 입주세대는 9,800여 호 중 가구 수 기준으로 17%에 해당한다.

응답자의 지구별 분포로는 은평지구가 18%, 장지지구 10%, 발산지구 16%, 반포지구가 18%, 강일지구가 11%, 기타가 7% 정도인 것으로 나타나 지역별로 고르게 조사되었음을 알 수 있다. 또한 성별로는 남성이 전체의 34%, 여성이 66%로 여성의 비율이 높게 나타났으며, 이는 관리사무소에 비치된 설문을 통한 조사를 실시하였기 때문에 단지 내 주간활동이 많은 여성의 비율이 높게 나타난 것으로 판단된다.

연령대는 40대가 가장 많은 36%를 나타냈으며, 다음으로 30대가 31%, 50대가 18% 순으로 나타났다. 60세 이상은 전체의 6.6%, 20대는 7.8%의 비율을 나타냈다.

거주기간은 1개월에서부터 최장 36개월까지의 기간을 나타냈다. 최근 입주한 단지에서부터 최초 공급이 시작된 발산지구까지 모두 설문조사 대상에 포함되었기 때문에 이와 같은 결과가 나타났으며, 평균 거주 개월 수는 약 12.3개월로 나타났다.

월평균 가구소득은 200만 원~300만 원 미만의 구간이 가장 많은 39%를 차지하고 있는 것으로 조사되었으며, 200만 원 미만과 300~400만 원 사이의 입주자는 27%로 같은 비율을 나타냈다. 400만 원 이상의 소득을 나타내고 있는 가구는 총 11가구로 가장 낮은 비율인 6.9%를 나타내 대부분 장기전세주택 입주자는 400만 원 이하의 가구소득을 가지고 있는 것으로 조사되었다. 자세한 내용은 아래 〈표 3-3〉과 같다.

<표 3-3> 입주자 설문조사 응답자 특성

구분		빈도	비율(%)
거주단지	은평	30	18.1
	장지	17	10.2
	발산	27	16.3
	강일	19	11.4
	반포	30	18.1
	재건축	31	18.7
	기타	12	7.2
	합계	166	100.0
성별	남성	53	34.4
	여성	101	65.6
	합계	154	100.0
	무응답	12	
연령대	20~29	13	7.8
	30~39	52	31.3
	40~49	60	36.1
	50~59	30	18.1
	60세 이상	11	6.6
	합계	166	100.0
거주기간	1~10개월	87	52.4
	11~20개월	39	23.5
	21~30개월	29	17.5
	30개월 이상	11	6.6
	합계	166	100.0
월평균소득(부부소득)	200만 원 미만	43	27.0
	200~300만 원	62	39.0
	300~400만 원	43	27.0
	400만 원 이상	11	6.9
	합계	159	100.0
	무응답	7	

2) 전문가 설문조사의 응답자 특성

전문가 조사의 경우, 우선 그룹별로 할당을 하였다. 서울시 주택국 직원이 25명, 국토해양부 직원이 25명, 서울시 산하기관인 SH공사 직원이 25명, 국토해양부 산하기관인 LH공사 직원이 25명이었다. 이들을 다시 그룹핑(grouping)하면 공무원이 서울시와 국토해양부를 합하여 50명, 공사 직원이 SH공사와 LH공사를 합하여 50명이 된다. 또한 공무원과 공사 직원이 각각 50명씩 나오게 된다. 설문대상인 전문가집단의 구성을 구조화하면 아래 <표 3-4>와 같다.

전문가 설문조사를 이렇게 설정한 이유는 주택의 직접적 공급과 관련 있는 주체들은 다양하지만 정책적으로 접근 가능한 최유효 집단이라고 판단되었기 때문이다. 서울시 주택국에서는 서울시의 공공주택정책을 결정하고, SH공사는 이에 대한 정책적 실행과 시장에 공급을 직접 하는 주체이며, 국토해양부와 LH공사도 비슷한 구조를 갖는다고 할 수 있다.

응답자의 사회통계학적 특성은 아래 〈표 3-5〉와 같다.

〈표 3-4〉 전문가 집단의 구성

구분	공무원 (50명)	공사 직원 (50명)
서울시 (50명)	서울시 주택국 직원 (25명)	SH공사 직원 (25명)
중앙정부(국토해양부) (50명)	국토해양부 주택정책관 직원 (25명)	LH공사 직원 (25명)

<표 3-5> 전문가 설문조사 응답자 특성

구분		빈도	비율(%)
성별	남성	77	77.8
	여성	22	22.2
	합계	99	100
	무응답	1	
연령대	20~29세	5	5
	30~39세	38	38
	40~49세	47	47
	50~59세	10	10
	60세 이상	0	0
	합계	100	100
거주형태	자가	46	46
	전세(유주택)	24	24
	전세(무주택)	25	25
	월세	3	3
	기타	2	2
	합계	100	100
월평균소득 (부부합산)	300만 원 미만	18	18.2
	300~400만 원	27	27.3
	400~500만 원	25	25.3
	500~600만 원	22	22.2
	600만 원 이상	7	7.1
	합계	99	100
	무응답	1	
학력수준	대졸	73	73.7
	석사	18	18.2
	박사	1	1.0
	기타	7	7.1
	합계	99	100
	무응답	1	
주택업무 담당기간	2년 이하	30	30
	2년~5년	42	42
	5년~10년	14	14
	10년 이상	14	14
	합계	100	100

　아울러 인식변화 등 시계열 추이를 비교 분석하기 위하여 설문이 유사한 기존조사를 병기하였으며 그 내역은 아래 〈표 3-6〉과 같다.

〈표 3-6〉 장기전세주택 관련 설문조사 현황

조사일시	조사 대상	조사 인원	조사 주체	조사 주관	주요 항목
'11.7.	일반시민	1,015	서울시(용역)	갤럽	선호도, 인식
'11.8.	입주자	1,205	서울시(용역)	시립대	거주만족도, 인식
'11.9.	전문가	60	서울시(용역)	시립대	정책평가, 인식
'10.5.	입주자	166	임성은(학위논문)	임성은	거주만족도, 인식
	전문가	100	임성은(학위논문)	임성은	정책평가, 인식
'09.5.	일반시민	420	서울시	다산 콜센터	인지도, 선호도
	입주자	613	서울시	다산 콜센터	거주만족도

제2절 인식변화에 대한 설문조사 분석

1. 일반인(입주자) 설문조사 분석

1) 주택구매 의향의 변화

주택에 대한 인식변화가 일반인에게 어떻게 나타나고 있는가를 알아보기 위해 장기전세주택 입주자를 대상으로 주택구매 의향을 물었다. 또한 장기전세주택 입주를 전후로 변화가 있는 비율을 분석하였다.

먼저, 장기전세주택의 입주자 중 앞으로 주택구매 의향이 있다고 답을 한 사람은 50.9%이고, 모르겠다는 답변은 22.1%였다. 즉 구매의향이 없다고 답을 한 27.0%를 제외하고는 장기전세주택의 입주자가 주택구매 의향이 없었기 때문이기보다는 구매여력이나 주택시장에 대한 관망 등을 사유로 장기전세주택을 선택했다고 추정할 수 있다. 특이할 점은, 월 소득수준이 200만 원대의 경우 구매의향이 61.3%로 평균보다 높은 반면, 300만 원대는 41.9%, 400만 원 이상의 경우 20%로 낮은 경향을 보였다(〈표 3-7〉 참조).

장기전세주택에 입주하기 전 구매의향을 물었다. 구매의향이 있었던 경우는 68.5%였고, 월 소득수준이 300만 원대가 86.0%로 가장 높았고, 200만 원대가 그 다음이었다. 반면, 구매의향이 없었던 경우는 29.7%로 소득별로는 400만 원 이상이 54.5%로 가장 높았다

(〈표 3-9〉 참조).

주택구매 의향의 변화를 보면, 구매의향이 있었다는 의견이 68.5%에서 지금도 있다는 비율은 50.9%로 17.6% 감소했음을 알 수 있다. 구매의향이 없는 경우는 2.7% 감소하였고, 모르겠다는 응답은 20.3% 늘었음을 확인[1]할 수 있다(〈표 3-7〉 참조).

〈표 3-7〉 주택구매 의향

<table>
<tr><td colspan="3"> <입주 전> </td><td colspan="3"> <입주 후> </td></tr>
<tr><td>구분</td><td>빈도</td><td>퍼센트</td><td>구분</td><td>빈도</td><td>퍼센트</td></tr>
<tr><td>있었다</td><td>113</td><td>68.5</td><td>있다</td><td>83</td><td>50.9</td></tr>
<tr><td>없었다</td><td>49</td><td>29.7</td><td>없다</td><td>44</td><td>27.0</td></tr>
<tr><td>기타</td><td>3</td><td>1.8</td><td>모르겠다</td><td>36</td><td>22.1</td></tr>
<tr><td>합계</td><td>165</td><td>100.0</td><td>합계</td><td>163</td><td>100.0</td></tr>
<tr><td>무응답</td><td>1</td><td></td><td>무응답</td><td>3</td><td></td></tr>
</table>

〈표 3-8〉 주택구매 의향의 입주 전후 교차 분석

구분			입주 전			전체
			있었다	없었다	기타	
입주 후	있다	빈도	67	13	2	82
		집단간비율(%)	81.7	15.9	2.4	100.0
		집단내비율(%)	60.9	26.5	66.7	50.6
	없다	빈도	20	24	0	44
		집단간비율(%)	45.5	54.5	0.0	100.0
		집단내비율(%)	18.2	49.0	0.0	28.2
	모르겠다	빈도	23	12	1	36
		집단간비율(%)	63.9	33.3	2.0	100.0
		집단내비율(%)	20.9	24.5	33.3	21.2
전체			110	49	3	162
			67.9	30.2	1.9	100.0
			100.0	100.0	100.0	100.0

(p=0.000)

소득별로 입주 전후 변화를 분석해 보면, 300만 원대 입주자 중 44.1%가 구매의사가 있다는 답변이 줄었고, 대신 구매의향이 없다는 답변이 27.9% 늘었다. 반면, 200만 원 이하의 경우 입주 전 구매의향이 없었다와 입주 후 없다의 차이가 21.9%로 가장 높았다. 입주 후 구매의향에 대해 모르겠다는 답변도 많이 늘었는데, 특히 400만 원 이상 입주자는 60%가 늘어났다. 즉 400만 원 이상의 경우 앞으로 주택시장 상황 등에 따라 유동적인 것으로 판단된다(〈표 3-9〉 참조).

<표 3-9> 가계소득별 주택구매 의향 변화결과

(단위: %)

구분		200만 원 미만	200~300만 원	300~400만 원	400만 원 이상	전체
있다	입주 전	44.2	77.0	86.0	45.5	68.4
	입주 후	51.2	61.3	41.9	20.0	50.6
	차이	-7.0	15.7	44.1	25.5	17.8
없다	입주 전	51.2	23.0	14.0	54.5	30.4
	입주 후	29.3	19.4	41.9	20.0	28.2
	차이	21.9	3.6	-27.9	34.5	2.2
모르겠다	입주 전	4.7	0.0	0.0	0.0	1.3
	입주 후	19.5	19.4	16.3	60.0	21.2
	차이	-14.8	-19.4	-16.3	-60.0	-19.9

---

1) 교차분석을 통한 수치와 <표 3-7>의 일부 수치 차이는 사회통계학적 특성 항목의 무응답자에 따른 것임.

〈표 3-10〉 가계소득과 입주 후 주택구매 의향 교차분석 결과

구 분		200만 원 미만	200~300만 원	300~400만 원	400만 원 이상	전체
있다	빈도	21	38	18	2	79
	집단간비율(%)	26.6	48.1	22.8	2.5	100.0
	집단내비율(%)	51.2	61.3	41.9	20.0	50.6
없다	빈도	12	12	18	2	44
	집단간비율(%)	27.3	27.3	40.9	4.5	100.0
	집단내비율(%)	29.3	19.4	41.9	20.0	28.2
모르겠다	빈도	8	12	7	6	33
	집단간비율(%)	24.2	36.4	21.2	18.2	100.0
	집단내비율(%)	19.5	19.4	16.3	60.0	21.2
전체		41	62	43	10	156
		26.3	39.7	27.6	6.4	100.0
		100.0	100.0	100.0	100.0	100.0

(p=0.011)

〈표 3-11〉 가계소득과 입주 전 구매의향 교차분석 결과

구분		200만 원 미만	200~300만 원	300~400만 원	400만 원 이상	전체
있었다	빈도	19	47	37	5	108
	집단간비율(%)	17.6	43.5	34.3	4.6	100.0
	집단내비율(%)	44.2	77.0	86.0	45.5	68.4
없었다	빈도	22	14	6	6	48
	집단간비율(%)	45.8	29.2	12.5	12.5	100.0
	집단내비율(%)	51.2	23.0	14.0	54.5	30.4
기타	빈도	2	0	0	0	2
	집단간비율(%)	100.0	0.0	0.0	0.0	100.0
	집단내비율(%)	4.7	0.0	0.0	0.0	1.3
전체		43	61	43	11	158
		27.2	38.6	27.2	7.0	100.0
		100.0	100.0	100.0	100.0	100.0

(p=0.000)

2) 주택에 대한 인식변화에 관한 설문분석

(1) 주택에 대한 인식의 변화 정도

장기전세주택의 정책효과를 알아보기 위해 장기전세주택 입주 전후로 주택에 대한 인식의 변화 여부를 질문하였다. '변화가 없다'는 의견은 36.4%로 나타난 반면, '투자대상에서 거주수단으로 바뀌었다'는 답변이 50.9%로 높게 나타났다(〈표 3-12〉 참조). 주택에 대한 인식이 단기간에 바뀌기가 쉽지 않다는 의견이 일반적임을 고려하면 이 결과는 높은 것으로 판단된다.

입주 지역별로 교차분석 결과가 유의하게 나타났는데, 은평과 반포지구 60%대로 높고 발산지구 입주자가 낮게 나타났다(〈표 3-13〉 참조).

가계 소득별로도 큰 차이를 보였는데, 300만 원대가 투자대상에서 거주수단으로 전환한 비율이 65.1로 가장 높았고, 400만 원 이상의 경우 81.8%가 변화가 없다고 답변하였고, 200만 원대의 경우 거주수단에서 투자대상으로 바뀌었다는 답변이 가장 높아서 대조를 이루었다(〈표 3-14〉 참조).

<표 3-12> 장기전세주택 입주 후 개념변화

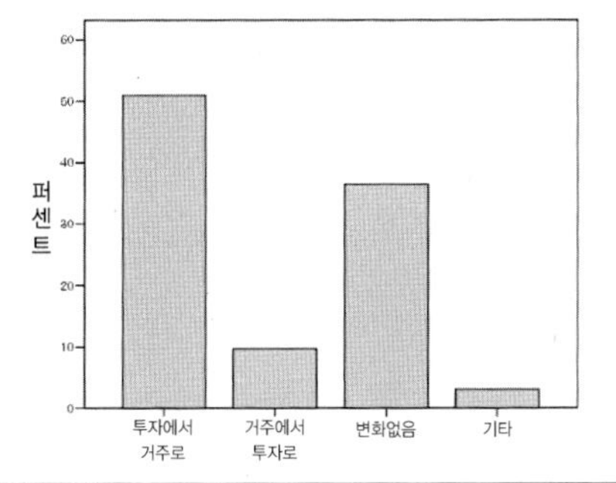

구분	빈도	퍼센트
투자에서 거주로	84	50.9
거주에서 투자로	16	9.7
변화 없음	60	36.4
기타	5	3.0
합계	164	100.0
무응답	1	

<표 3-13> 거주지역과 입주 후 개념변화 교차분석 결과

구분		은평	장지	발산	강일	반포	재건축	기타	합계
투자에서 거주로	빈도	20	8	11	8	19	15	3	84
	집단간비율(%)	23.8	9.5	13.1	9.5	22.6	17.9	3.6	100.0
	집단내비율(%)	66.7	50.0	40.7	42.1	63.3	48.4	25.0	50.9
거주에서 투자로	빈도	2	1	4	1	0	5	3	16
	집단간비율(%)	12.5	6.3	25.0	6.3	0.0	31.3	18.8	100.0
	집단내비율(%)	6.7	6.3	14.8	5.3	0.0	16.1	25.0	9.7
변화 없음	빈도	8	4	12	10	10	10	6	60
	집단간비율(%)	13.3	6.7	20.0	16.7	16.7	16.7	10.0	100.0
	집단내비율(%)	26.7	25.0	44.4	52.6	33.3	32.3	50.0	36.4
기타	빈도	0	3	0	0	1	1	0	5
	집단간비율(%)	0.0	60.0	0.0	0.0	20.0	20.0	0.0	100.0
	집단내비율(%)	0.0	18.8	0.0	0.0	3.3	3.2	0.0	3.0
전체		30	16	27	19	30	31	12	165
		18.2	9.7	16.4	11.5	18.2	18.8	7.3	100.0
		100.0	100.0	100.0	100.0	100.0	100.0	100.0	100.0

(p=0.015)

⟨표 3-14⟩ 가계소득과 입주 후 개념변화 교차분석 결과

구분		200만 원 미만	200~300 만 원	300~400 만 원	400만 원 이상	전체
투자에서 거주로	빈도	21	31	28	1	81
	집단간비율(%)	25.9	38.3	34.6	1.2	100.0
	집단내비율(%)	50.0	50.0	65.1	9.1	51.3
거주에서 투자로	빈도	3	10	3	0	16
	집단간비율(%)	18.8	62.5	18.8	0.0	100.0
	집단내비율(%)	7.1	16.1	7.0	0.0	10.1
변화 없음	빈도	16	20	12	9	57
	집단간비율(%)	28.1	35.1	21.1	15.8	100.0
	집단내비율(%)	38.1	32.3	27.9	81.8	36.1
기타	빈도	2	1	0	1	4
	집단간비율(%)	50.0	25.0	0.0	25.0	100.0
	집단내비율(%)	4.8	1.6	0.0	9.1	2.5
전체		42	62	43	11	158
		26.6	39.2	27.2	7.0	100.0
		100.0	100.0	100.0	100.0	100.0

(p = 0.013)

(2) 인식의 변화 이유

이러한 효과가 시장의 상황에 의한 것인지, 장기전세주택의 공급에 의한 것인지를 알아보기 위해 이에 대한 이유를 조사하였다.

투자대상에서 거주수단으로의 변화가 있는 경우 이러한 변화를 갖게 된 주된 이유로는 시장상황에 의한 의견이 전체의 25%로 나타났고, 장기전세주택의 공급을 답한 응답자가 64.3%로 매우 높게 나타났다(⟨표 3-15⟩ 참조). 이것을 전체 응답자에 대한 비율로 환산하면, 32.7%의 입주자가 장기전세주택의 영향으로 주택에 대한 개념이 거주수단으로 변화됐음을 알 수 있다. 이 결과는 장기전세주택에 입주하면, 주택에 대한 개념이 투자대상에서 거주수단으로

변화하는 데 중요한 요소가 된다는 것을 시사한다.

반면, 입주 후 투자수단으로 인식이 전환했다는 답변도 있었는데(9.7%), 안정적 주거가 필요하고 전세가격의 상승, 투자가치 등을 그 이유로 꼽았는데 답변자는 많지 않지만 참고자료로 활용할수 있다(〈표 3-16〉 참조).

앞선 분석 결과와 종합하면, 장기전세주택 입주자의 주택에 대한 인식변화는 거주환경에도 영향을 받고, 소득수준에 따라서도 다소 다르게 나타나는 것으로 분석할 수 있다.

〈표 3-15〉 거주수단으로 변화의 이유

구분	빈도	퍼센트
투자가치 하락	5	6.0
투자가치 불투명	16	19.0
장기전세주택 공급	54	64.3
보금자리주택 공급	8	9.5
기타	1	1.2
합계	84	100.0

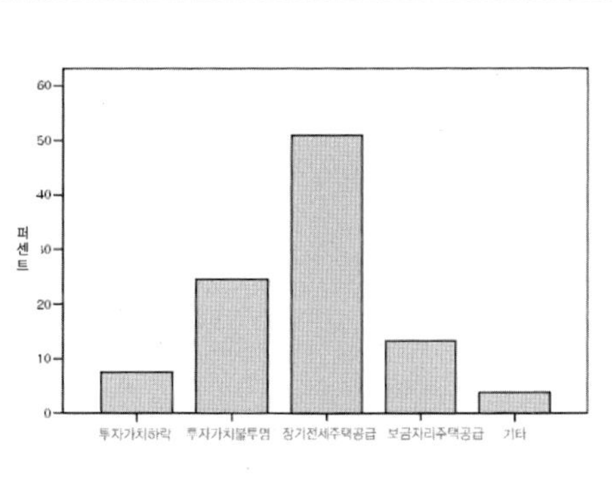

구분	빈도	퍼센트
매매가격 상승	2	12.5
전세가격 상승	4	25.0
안정적 주거 필요	6	37.5
투자가치 기대	3	18.8
기타	1	6.3
합계	16	100.0

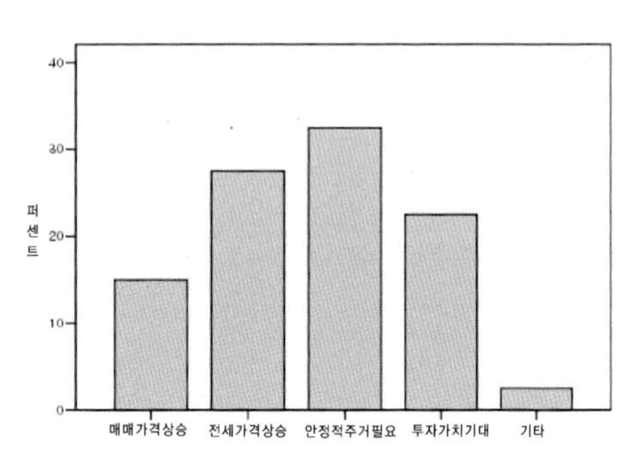

(3) 장기전세주택의 공급과 인식변화 기여 여부

장기전세주택이 공급과 인식변화의 기여 여부에 대해 69.5%가 기여한다고 답변하였다. 리커트 척도로는 아주 기여한다를 1로 보았을 때 2.04로 매우 높게 나타났다(〈표 3-17〉 참조). 이 답변의 교차분석 결과, 거주지역과 소득별로 유의미한 차이를 나타냈는데, 반포와 은평지구의 경우 높게 나타났고 발산과 강일지구의 경우 낮게 나타났다(〈표 3-18〉 참조). 소득별로는 200만 원 미만이 아주 기여한다는 비율이 가장 높았고(42.9%), 400만 원 이상은 보통이라는 비율이 가장 높았다(54.5%).

<h4 align="center">〈표 3-17〉 장기전세주택 공급과 인식변화</h4>

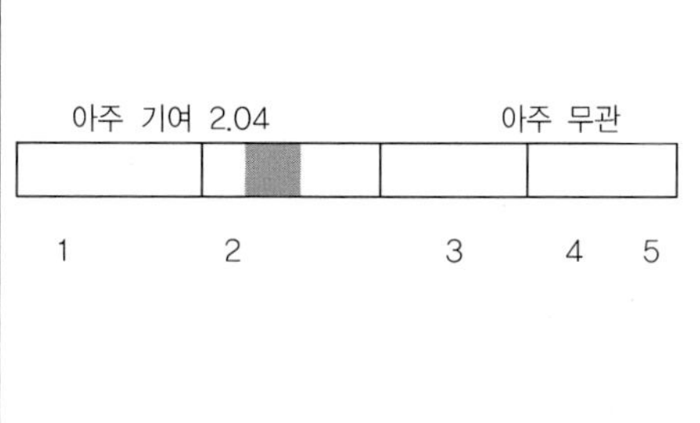

구분	빈도	퍼센트
아주 기여	53	32.3
기여	61	37.2
보통	42	25.6
무관	7	4.3
아주 무관	1	0.6
합계	164	100.0
무응답	2	

<h4 align="center">〈표 3-18〉 거주지역과 인식변화 교차분석 결과</h4>

분		은평	장지	발산	강일	반포	재건축	기타	합계
아주 기여	빈도	12	5	3	3	17	9	4	53
	집단간비율(%)	22.6	9.4	5.7	5.7	32.1	17.0	7.5	100.0
	집단내비율(%)	40.0	31.3	11.5	15.8	56.7	29.0	33.3	32.3
기여	빈도	12	6	9	9	9	14	2	61
	집단간비율(%)	19.7	9.8	14.8	14.8	14.8	23.0	3.3	100.0
	집단내비율(%)	40.0	37.5	34.6	47.4	30.0	45.2	16.7	37.2
보통	빈도	6	3	11	7	3	7	5	42
	집단간비율(%)	14.3	7.1	26.2	16.7	7.1	16.7	11.9	100.0
	집단내비율(%)	20.0	18.8	42.3	36.8	10.0	22.6	41.7	25.6
무관	빈도	0	2	3	0	1	0	1	7
	집단간비율(%)	0.0	28.6	42.9	0.0	14.3	0.0	14.3	100.0
	집단내비율(%)	0.0	12.5	11.5	0.0	3.3	0.0	8.3	4.3
아주 무관	빈도	0	0	0	0	0	1	0	1
	집단간비율(%)	0.0	0.0	0.0	0.0	0.0	100.0	0.0	100.0
	집단내비율(%)	0.0	0.0	0.0	0.0	0.0	3.2	0.0	0.6
전체		30	16	26	19	30	31	12	164
		18.3	9.8	15.9	11.6	18.3	18.9	7.3	100.0
		100.0	100.0	100.0	100.0	100.0	100.0	100.0	100.0

(p = 0.046)

2. 전문가 설문조사 분석

전문가를 대상으로 일반인과 동일한 질문 외에 심층적인 내용도 포함하여 조사하고 분석하였다. 설문분석의 흐름은 현재 시점의 주택의 개념에 대한 생각과 정책목표 설정은 어떠한지, 그동안 정책의 목표 달성도에 대해 어떻게 판단하는지, 주택에 대한 개념에 변화가 있는지, 변화 이유는 무엇인지에 대해 각각 분석하였다. 또한 향후 장기전세주택과 주택구매 중 어느 것을 선호하는지와 선호사유를 분석하고 앞으로 장기전세주택이 지속적으로 공급되면 어떤 변화가 있을 것이라고 생각하는지를 순서대로 분석하였다.

본격적인 분석에 앞서 먼저 공공주택에 대한 기초적 인식조사 결과를 살펴보면, 공공이 직접 주택을 공급하는 것에 대해 찬성의견이 높았다(적극 찬성이 37%, 찬성이 44%, 반대 3%). 공공이 분양수익을 남기는 것은 적절치 않다는 설문에 대해서는 67%가 반대하였고, 임대주택 재원마련을 위해 분양수익은 불가피하다는 의견이 77%였다.

적절한 분양가 책정기준으로는 시세보다 낮은 수준(64%)이 많았고, 원가수준으로 공급하면 당첨자에게만 수익이 돌아가는 일명 로또복권 효과에 대해 54%가 동의하였고, 시세수준에서 공급하면 주변의 주택가격을 상승시킨다(47%)는 의견[2]이 높기 때문인 것으로 해석할 수 있다.

그동안 주택공급유형별 평가에 대해서는 장기전세주택(72%)이 잘

---

[2] 시세수준일 경우 새 주택의 효과로 통상 주변 주택가격이 추가로 상승하는 현상이 발생.

한다는 평가가 국민임대주택(65%)이나 보금자리주택(62%)보다 다소
높았다. 가격수준은 장기전세주택의 가격수준이 적절하다(62%)는 의
견이 국민임대주택과는 비슷(61%)했고 보금자리주택(45%)보다는 높
았다. 보금자리주택은 서민에게 다소 높은 가격(39%)이라는 의견이
있었고, 국민임대주택은 저소득층에게 높은 가격(39%)이고 부정적
이미지(43%)가 있다는 점이 반영된 것으로 해석할 수 있다. 반면 장
기전세주택의 경우 소득제한이 없는 것은 부당하다는 의견(68%)과
공급가격이 낮다는 의견(38%)도 있었다.

중산층에 대한 적절한 공급유형은 분양이 46.5%였고, 장기전세
주택이 43.4%로 매우 높게 나타나 새로운 유형으로 자리 잡아 간
다고 볼 수 있다.

1) 주택의 개념에 대한 설문분석

'주택의 개념'에 대한 설문분석은 응답자의 현재 시점에서 주택
에 대한 개념과 장기전세주택이 공급 전과 비교하여 변화하였는지
에 대해 알아보기 위하여 시도되었다. 현재의 주택에 대한 개념을
물어본 설문은 리커트형 5점 척도로 조사하였다.

조사결과 투자대상을 1로, 거주수단을 5로 보았을 때, 평균 2.65
점으로 아직까지 투자의 대상으로 보고 있는 경우가 많다는 섯을
알 수 있다. 빈도도 아주 극단적인 투자수단으로 생각하기보다는 거
주수단으로 생각하고 있는 경우가 많기는 했지만 전반적으로는 투
자대상에 가까운 것으로 판단하는 것으로 나타났다(〈표 3-19〉 참조).

〈표 3-19〉현재 주택에 대한 개념

구간	빈도
1∼2	12
2∼3	40
3∼4	29
4∼5	19
평균	2.65

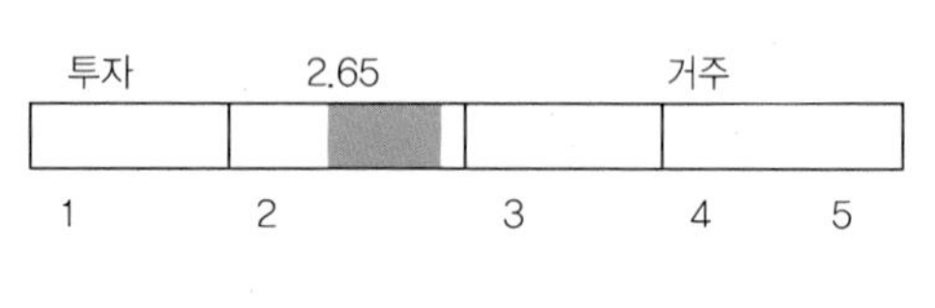

2) 주택정책목표 설정에 대한 설문분석

(1) 주택정책의 목표 방향

"서울시내 주택상황을 고려한 주택정책의 목표가 '내집마련 촉진'과 '소유에서 거주로의 전환'을 비교하여 어떠한 방향으로 추진되어야 하는가"를 묻는 설문을 리커트형 5점 척도를 통해 조사한 결과 평균값은 3.46으로 앞으로의 정책방향은 내집마련 촉진정책보다는 지속적인 인식전환을 위한 노력에 더욱 초점을 보여야 한다고 생각하는 것으로 〈표 3-20〉과 같이 나타났다.

즉 주택에 대한 개념은 투자대상에 가깝지만, 정책목표는 거주수단이 적합하다고 판단하는 것으로 서울시의 목표설정과 가까운 것으로 나타났다. 유주택자와 무주택자 사이에 주택정책의 목표설정에 대해서 유주택자가 3.33, 무주택자가 3.77로 무주택자가 다소 강하긴 했으나 통계학적으로 유의미한 차이는 없었다.

구간	빈도
1~2	6
2~3	18
3~4	19
4~5	57
평균	3.46

(2) 목표 방향에 대한 재검증 질문에 대한 분석

목표 방향을 확실히 검증하기 위하여 2가지 목표에 대한 반어법적 질문을 추가로 하였다. 현재 주택시장에 대한 인식 특성상 대부분의 사람들이 주택을 투자의 대상으로 보고 있기 때문에 '인식의 전환을 통한 주택시장 안정은 부적절한가'를 묻는 질문에 찬성이 45%, 부정이 17%로 나타났다.

서울시의 주택가격은 다른 지역보다 매우 높아서 현실적으로 '내집마련 촉진정책'은 실효를 거두기 힘들 것이라고 생각하는가를 묻는 설문에서 48%는 찬성, 반대의견은 22.2%로 나타나 내집마련 촉진정책보다는 주택에 대한 인식의 전환을 정책의 목표로 선호한다는 결과와 일맥상통하는 것으로 볼 수 있다.

3) 주택에 대한 인식의 변화에 대한 설문분석

(1) 주택에 대한 인식의 변화 정도

장기전세주택이 새로운 주택정책으로 시장에 소개된 시점과 현재와의 비교를 통해 장기전세주택의 정책효과를 알아보기 위한 설문에서는 '변화가 없다'는 의견이 49.0%로 나타났으며, '투자대상에서 거주수단으로 바뀌었다'는 답변도 46.9%로 비슷하게 나타났다. 주택에 대한 인식이 단기간에 바뀌기가 쉽지 않은 것을 고려하면 높은 것으로 판단된다(〈표 3-21〉 참조).

〈표 3-21〉 5년 전과 비교했을 때 주택에 대한 개념에 변화('10)

구 분	빈도	퍼센트
투자대상에서 거주 수단으로 이동	46	46.9
거주수단에서 투자 대상으로 이동	4	4.1
변화가 없다	48	49.0
합계	98	100
무응답	2	

(2) 인식의 변화 이유

이러한 효과가 시장의 상황에 의한 것인지, 장기전세주택의 공급에 의한 것인지를 알아보기 위해 이에 대한 이유를 조사하였다.

투자대상에서 거주수단으로의 변화가 있는 경우 이러한 변화를 갖게 된 주된 이유로는 시장상황에 의한 의견이 전체의 60%로 매우 높게 나타났지만, 장기전세주택의 공급을 답한 응답자도 32%로 매우 높게 나타났다. 이것을 전체 응답자에 대한 비율로 환산하면, 15%의 입주자가 장기전세주택의 영향으로 주택에 대한 개념이 거주수단으로 변화됐음을 알 수 있다(〈표 3-22〉 참조).

이를 통해서 알 수 있는 것은 거주수단으로의 변화는 주택의 투자대상으로서의 매력도를 감소시키는 수단에 대한 다각적인 노력과 함께 장기전세주택의 공급도 주택에 대한 인식을 변화시키는데 요소로 작용한다는 것이다.

〈표 3-22〉 투자대상에서 거주수단으로 변화가 있는 이유

구 분	빈도	퍼센트
투자가치(주택가격) 하락	16	32
투자가치 불투명 (주택시장 불안)	14	28
장기전세주택의 공급	16	32
보금자리주택의 공급	2	4
기타	2	4
합계	50	100

4) 주택정책 목표달성도에 대한 설문분석

(1) 목표달성도에 대한 의견

'소유를 거주로 전환'하겠다는 서울시의 장기전세주택정책의 목표가 '어느 정도 달성되었는지'에 대한 실문에 있어서 딜싱되있다는 의견은 17%, 보통이다가 54%, 미달이라고 판단하는 의견이 29%로 나타났다(〈표 3-23〉 참조).

장기전세주택은 이제 시장에 공급되기 시작한 지 3년 정도에 불

과하여 목표 달성에는 미달하였다고 판단하는 의견이 더 많은 것으로 판단되며, 장기전세주택의 목표달성을 위해서는 향후 지속적인 공급이 이루어져야 할 것으로 보인다.

이러한 평가는 지방자치단체의 주택정책으로 이에 대한 평가가 서울시(SH 포함)와 국토해양부(LH 포함) 간 교차분석에서 차이를 나타냈다. 모든 집단에서 '아주 달성'되었다는 응답자는 한 명도 없었으며, 서울시(SH공사 포함)의 경우 달성되었다는 응답이 22%, 미달되었다는 응답이 20%로 달성되었다는 응답이 조금 높게 나타났지만, 국토해양부(LH공사 포함)의 경우 달성되었다는 응답이 12%, 미달되었다는 응답이 32%로, 장기전세주택을 선도하는 서울시가 국토해양부에 비해 달성도 평가가 후한 것으로 판단할 수 있다.

<표 3-23> 목표 달성도에 대한 설문

구 분	빈도	퍼센트(%)
아주 달성	0	0
달성	17	17
보통	54	54
미달	26	26
아주 미달	3	3
합계	100	100

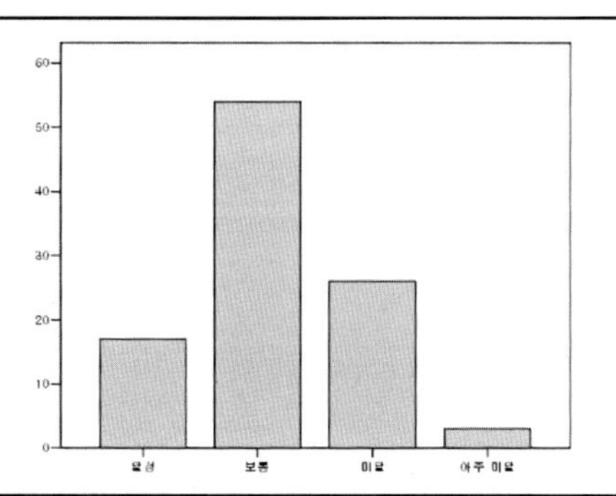

반면, 중앙정부가 내세우는 '내집마련 촉진'이라는 정책목표의 달성도에 대한 평가는 달성되었다가 27%, 미달됐다가 25%였다. 서울시 직원의 경우 미달됐다가 30%인 반면, 국토해양부 직원의

경우 달성되었다가 40%로 서로 자신이 추진하는 정책목표의 달성도가 높다고 생각하는 것으로 해석할 수 있다.

(2) 목표달성을 위해 필요한 요소

서울시 장기전세주택의 정책목표인 인식전환을 통한 시장가격안정이라는 목표 달성을 위해 필요한 요소로는, 사람들의 인식전환이 가장 높은 34.4%로 나타났으며, 다음으로 장기전세주택의 공급확대가 30.5%로 나타났다. 이는 같은 맥락에서 이해할 수 있는 것으로 보인다. 공급확대를 통한 인지도의 상승이나 지속적인 홍보활동을 통한 의식변화가 동반되면 장기전세주택 공급의 효과를 높일 수 있다고 생각하는 것으로 보인다. 또한 부동산시장의 전반적인 안정도 인식변화를 위해 필요한 요소로 생각하는 것을 분석 결과에서 알 수 있다.

반면, '내집마련 촉진'이라는 목표를 달성하기 위한 요소를 묻는 설문에는, 주택공급의 확대가 32.1%로 가장 높게 나타났다. 그 외에 분양가 하향조정, 금융지원강화, 무주택자 위주의 청약제도 등도 고르게 분포하는 것으로 나타났다(부록 2 참조).

제3절 비교분석

1. 인식변화 정도의 비교분석

1) 주택의 개념에 대한 인식 분석

'주택의 개념'에 대한 설문분석은 응답자의 현재 시점에서 주택에 대한 개념과 장기전세주택이 공급 전과 비교하여 변화하였는지에 대해 알아보기 위하여 시도되었다. 현재의 주택에 대한 개념을 물어본 설문은 리커트형 5점 척도로 조사하였다.

조사결과 투자대상을 1로, 거주수단을 5로 보았을 때, 전문가 집단과 입주자 사이에 차이가 있음을 알 수 있다. 입주자의 경우 거주수단 5점 55.4%, 4점이 28.5%로 거주수단이 전반적으로 83.9%인 반면, 전문가의 경우 4점이 50.0%, 3점이 21.7%로 다소 낮게 나타나고 있다. 그러나 2010년과 비교할 경우 전문가 집단의 전체 평점이 평균 2.65점에서 3.65점으로 상승하여 투자대상에서 거주수단으로 많이 이동하였음을 알 수 있다.

<표 3-24a> 주택의 개념에 대한 설문조사 현황

조사 일시	조사대상	조사 인원	평점 (환산)	투자				거주
				1	2	3	4	5
'11.9.	전문가	60	3.65	1.7%	11.7%	21.7%	50.0%	15.0%
'11.8.	입주자	1,205	4.29	0.6%	2.7%	10.5%	28.5%	55.4%
'10.5.	전문가(인식)	100	2.65		12%	40%	29%	19%
'10.5.	전문가(방향)	100	3.46		6%	18%	19%	57%

자료: 서울시(2011)

2) 인식변화 여부에 대한 분석

장기전세주택의 정책효과를 분석하기 위해 일반인(입주자)과 전문가 그룹의 설문결과를 각각 분석하였는데, 그룹 간 차이를 비교하고자 한다.

입주자의 경우 50.9%가, 전문가의 경우 46.9%가 투자대상에서 거주수단으로 변화되었다고 답변하였다. 변화가 없다는 답변은 입주자가 36.4%로 전문가 49.0%보다 낮았다(<표 3-24> 참조).

종합적인 판단을 하면 입주자나 전문가 모두 인식의 변화가 일어나고 있지만 장기전세주택 입주자 변화율이 좀 더 높게 나타나는 것으로 볼 수 있다. 장기전세주택의 거주가 인식변화에 긍정적으로 작용하고 있는 것으로 분석할 수 있다.

반면, 거주수단에서 투자대상으로 변하였다는 응답이 전문가 집단은 4%에 불과한 반면, 입주자의 경우 9.7%로 다소 높게 나타났다(<표 3-24> 참조). 그 사유로는 안정적 주거필요(37.5%)와 전세가격 상승(25.0%), 투자가치 기대(18.8%) 등을 들었다.

〈표 3-24b〉 인식변화 여부에 대한 설문

조사일시	조사대상	조사인원	투자→ 거주	거주→ 투자	변화 없음	기타	비고
'11.8.	입주자	1,205	75.4%	1.1%	21.2%	2.2%	
'10.5.	입주자	166	50.9%	9.7%	36.4%	3.0%	
'10.5.	전문가	100	46.9%	4.1%	49.0%		

자료(2011년 조사결과): 서울시(2011)

인식변화 이유에 대한 분석

장기전세주택 공급이 이루어진 시점 이후 변화가 없거나 거주수단으로의 인식변화가 어느 정도 이루어진 것으로 볼 수 있다. 하지만 이러한 효과가 시장의 상황에 의한 것인지, 장기전세주택의 공급에 의한 것인지를 알아보기 위해 이에 대한 이유를 조사하였다. 이 항목에서는 입주자와 전문가 집단이 크게 달라지는 현상을 보였다. 즉 입주자는 장기전세주택 공급 때문이라는 답변이 64.3%로 가장 높았던 반면, 전문가 집단은 장기전세주택 공급 때문이라는 답변이 32.0% 정도였고, 투자가치 하락이나 불투명 때문(60.0%)이라는 의견이 높았다(〈표 3-25〉 참조). 즉 장기전세주택에 거주하지 않은 경우는 최근의 주택가격 하락이 영향을 미쳤다고 생각하는 경향이 큰 것인데, 종합적으로 장기전세주택의 물량을 늘려 입주자를 늘리거나 주택가격의 투자가치가 하락하거나 불투명해지면 주택을 투자대상보다는 거주수단으로 인식하는 변화가 일어날 수 있을 것으로 판단된다.

〈표 3-25〉 입주자 및 투자자의 인식변화 사유

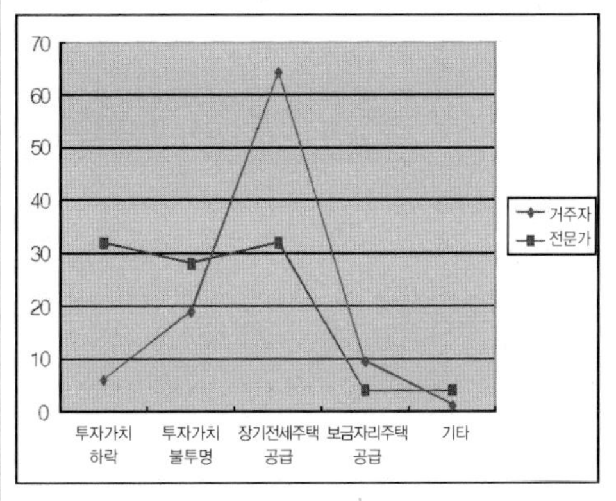

구분	전문가 (%)	입주자 (%)
투자가치 하락	32.0	6.0
투자가치 불투명	28.0	19.0
장기전세주택 공급	32.0	64.3
보금자리주택 공급	4.0	9.5
기타	4.0	1.2
합계	100	100

3) 주택구매 의향 분석

'주택의 개념'에 대한 인식은 주택구매 의향과 연계성이 높다. 이를 세부적으로 분석하기 위해 주택구매 의향을 시점별로, 응답 집단별로 비교하면 아래와 같다.

2010년 입주자를 대상으로 조사한 결과 구매의향 없음은 27.0～29.7% 수준이었다. 입주 전과 입주 후의 변화가 크게 나타나지 않았다. 반면, 2011년의 경우 구매의향 없음이 63.9%로 매우 높아졌다. 거주기간이 1년 경과한 후 구매의향이 매우 줄었다고 할 수 있다. 문제는 일반인의 경우도 차이가 없다는 데 있다. 일반인의 경우 64.9%가 구매의향이 없다고 밝혀 오히려 입주자보다 높은 수치를 보였으며, 구매의향이 있다는 답변도 일반인이 더 낮았다 (<표 3-26> 참조).

〈표 3-26〉 주택구매 의향 관련 설문조사 현황

조사일시	조사대상	조사인원	구매의향 없음	구매의향 있음	기타	비고
'11.8.	입주자	1,205	63.9%	35.4%	0.7%	
'11.7.	일반인	1,015	64.9%	29.8%	5.3%	
'10.5.	입주자	166	27.0%	50.9%	22.1%	입주 후
'10.5.	입주자	166	29.7%	68.5%	1.8%	입주 전

자료(2011년 조사결과): 서울시(2011)

4) 구매의향과 향후 주택가격 전망과의 연계성 분석

주택의 개념에 대한 인식이 투자대상으로서의 성격이 강하고, 이것은 주택가격의 변화와 관련이 있음을 살펴보았다. 이를 좀 더 상세히 분석하기 위해 '향후 주택가격에 관한 전망'과 이와 관련한 상관관계를 살펴보았다. 우선, 향후 주택가격에 대한 전망결과는 아래 〈표 3-27〉과 같다.

답변 집단의 특성에 따라 다소 차이가 나타나는데, 전문가의 경우 가격안정화에 대한 답변이 43.3%로 가장 많았던 반면, 일반시민은 유보층이 30.4%, 입주자는 상승이 27.1%로 집단 내에서 가장 높게 나타났다.

〈표 3-27〉 향후 주택가격에 대한 전망분석 결과

구분			설문결과				
조사일시	조사대상	조사인원	가격 상승	가격 안정화	가격 유지	가격 하락	기타
'11.9.	전문가	60	15.0%	43.3%	15.0%	26.7%	0.0%
'11.8.	일반시민	1,015	22.4%	4.6%	14.7%	27.9%	30.4%
'11.7.	입주자	1,205	27.1%	18.8%	15.6%	24.6%	13.0%

자료: 서울시(2011)

향후 5년 내 주택구매 의향에 대해 질문한 결과, 구매의향이 있다는 답변이 29.8%이고, 구매의향이 없다는 답변이 65.0%로 나타났다. 주택구매 의향이 없다는 응답자의 이유를 분석하는 것이 관건이라고 할 수 있다. 특히 주택가격 증감에 대한 전망과 연관성을 찾는 것이 중요하다고 할 수 있다. 주택가격이 하락할 것으로 예상하여 구매의향이 없는 것이라면 투자대상으로서의 인식이 그대로 남아 있는 것으로 볼 수도 있기 때문이다.

먼저, 향후 주택가격이 상승할 것이라고 답변한 사람은 22.4%인 반면, 가격이 하락할 것이라고 답변한 사람은 27.9%였다. 답변 유보가 30.4%로 가장 높았고, 가격 안정화와 가격 유지가 각각 4.6%, 14.7%였다.

주택가격이 상승할 것이라고 응답한 사람 중 64.8%가 앞으로 주택구매 의향이 없다고 답변하였다. 하락할 것이라고 응답한 사람 중에서는 58.3%가 구매의사가 없다고 답변하여 상승할 것이라는 응답자보다 오히려 더 낮은 답변을 보여 이채롭다고 할 수 있다. 향후 주택가격 상승에 대해 답변을 유보한 사람들의 경우 76.4%가 구매의향이 없다고 밝혔고, 구매의향이 있다는 답변은 16.8%에 불과해 구매의향에 큰 차이를 나타내고 있다.

이러한 결과는 주택가격 상승과 주택구매 의향이 크게 관련이 없다고도 할 수 있으나, 주택가격 상승을 예상하면서도 주택구매 의향이 없다는 응답은 강력한 인식변화의 결과로도 해석할 수 있다.

〈표 3-28〉 구매의향과 향후 주택가격 전망과의 연관성

		향후 5년 내 주택가격 증감예상					전체
		가격 상승	가격 안정화	가격 유지	가격 하락	기타	
문 4) 향후 5년 내 주택구매 의향	있다	69 (30.4%)	22 (46.8%)	53 (35.6%)	106 (37.5%)	52 (16.8%)	302 (29.8%)
	없다	147 (64.8%)	23 (48.9%)	88 (59.1%)	165 (58.3%)	236 (76.4%)	659 (65.0%)
	모름/무응답	11 (4.3%)	2 (4.3%)	8 (5.4%)	12 (4.2%)	21 (6.8%)	54 (0.1%)
	전체(세로/가로)	227 (100% /22.4%)	47 (100% /4.6%)	149 (100% /14.7%)	283 (100% /27.9%)	309 (100% /30.4%)	1015 (100% /100%)

자료: 서울시(2011)

4) 장기전세주택 공급이 인식변화에 미치는 기여도 분석

좀 더 세부적으로 장기전세주택의 확대공급이 주택소유 개념에 미치는 영향에 대해 질문하였다. 이 질문에서 전체적으로 기여할 것이라는 답변이 높았고 조사대상별로 조금의 차이를 보였다. 1년 전 조사와 비교한 결과 큰 차이가 없어 조사시기는 큰 영향을 주지 않은 것으로 나타났다. 즉 장기전세주택이 공급된 지 2년과 3년 경과시점의 차이보다는 조사집단별로 차이를 보였다고 할 수 있다.

매우 크게 기여했다는 응답자가 32.9%, 어느 정도 기여했다는 응답자가 42.9%로 전체의 75%가량이 주택의 개념이 '소유'에서 '거주'로 바뀌어 갈 것으로 예상하였다. 이를 통해 장기전세주택의 지속적인 공급은 정책목표인 시민의식 전환을 이룰 수 있을 것으로 전망하였다.

〈표 3-29〉 인식변화 기여도 여부에 대한 설문

구분			설문결과				
조사일시	조사대상	조사인원	매우 크게 기여	어느 정도 기여	보통	별로 기여하지 못함	전혀 기여하지 못함
'11.7.	일반시민	1,015	20.0%	66.7%	–	13.3%	0.0%
'11.8.	입주자	1,205	51.9%	42.7%	–	3.0%	0.4%
'10.5.	입주자	166	32.3%	37.2%	25.6%	4.3%	0.6%
	전문가	100	18.0%	57.0%	13.0%	12.0%	0.0%
'09.5.	일반시민	420	32.9%	42.9%	–	18.6%	5.7%
	입주자	613	51.0%	39.0%	–	7.0%	3.0%

2. 장기전세주택 선호도에 대한 비교분석

1) 장기전세주택에 대한 선호도 분석

장기전세주택과 주택구매에 대한 선호를 묻는 질문에서는 2009년과 2010년의 조사결과는 조금 다른 결과를 나타냈지만 이는 조사대상이 일반시민과 전문가로 차별화되었기 때문으로 생각된다. 2010년 전문가 조사 결과에서는 장기전세주택을 선호한다는 응답이 40%인 반면 주택구매 선호가 60%로 높게 나타났다. 하지만 2009년 일반시민을 대상으로 한 조사에서는 장기전세주택과 주택구매 선호에 대한 응답이 비슷한 비율로 나타났음을 알 수 있다(〈표 3-30〉 참조).

〈표 3-30〉 장기전세주택 선호도에 대한 설문

		설문결과			
조사일시	조사대상	조사인원	장기전세주택 선호	주택구매 선호	비고
'09.5.	일반시민 (비입주자)	420	49.5%	50.5%	
'10.5.	전문가 (비입주자)	100	40.0%	60.0%	

(1) 장기전세주택에 대한 선호도

장기전세주택의 입주자격이 되는 동시에 주택구매능력이 될 경우 어떤 주택을 선택하겠냐는 질문에 장기전세주택에 전세로 입주하겠다는 답변이 40%, 본인 소유의 주택을 구매하겠다는 답이 60%였다(〈표 3-31〉 참조).

〈표 3-31〉 장기전세주택 입주와 분양주택 입주 선호도

구분	빈도	퍼센트
시프트에 전세로 입주할 것이다	40	40
본인 소유의 주택을 구매할 것이다	60	60
합계	100	100

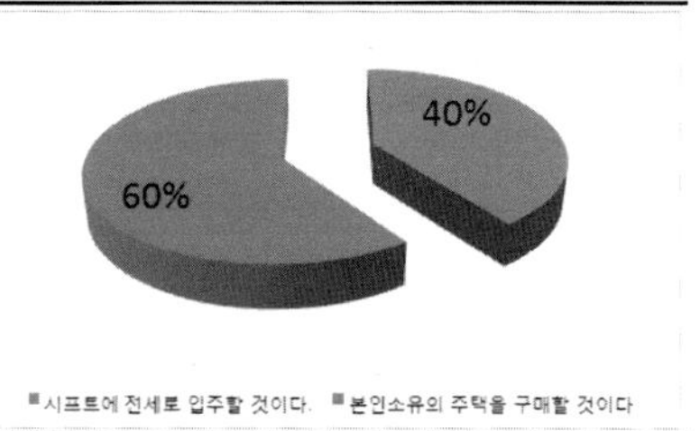

사회통계학적 특성별로 교차분석해 보면, 연령대별로 20대와 30대는 20.0%와 36.8%로 나타났으나, 40대와 50대는 44.7%와 40.0%로 중장년층에서 높게 나타났다.

성별 구매 선호도를 살펴보면 남성의 경우 62.3%로 주택을 구매하려는 경향이 여성의 50%보다 높게 나타났다. 이는 여성의 경

우 거주의 안정이 이루어지면 주택의 구매의욕이 남성보다 낮기 때문으로 판단된다.

거주형태별로 살펴보면 자가를 보유하고 현재 자가에 거주하고 있는 입주자의 경우 전체의 결과와 비슷한 4:6의 비율로 응답을 나타냈다. 하지만 전세입주자의 경우 자가보유 여부에 따라 차이가 있는데, 자가를 보유하고 전세로 살고 있는 경우에는 장기전세주택 입주희망자가 33%에 불과한 것으로 나타났지만, 현재 주택 없이 전세로 살고 있는 경우에는 장기전세주택 입주 희망비율이 44%로 매우 높게 나타났다. 반면, 현재 월세에 살고 있는 경우에는 주택 구매 희망비율이 67%에 달해 매우 높은 것으로 나타났다. 결과적으로, 현재 전세입주자와 자가입주자의 장기전세주택 선호가 약간 높은 것으로 볼 수 있다.

월평균소득에 따른 구매 선호도는 90% 수준에서 통계적으로 유의한 것으로 나타났다. 구체적으로 살펴보면 300~400만 원 구간에 있어서는 장기전세주택에 입주하겠다는 비율이 55.6%로, 400~500만 원의 구간에 있어서도 장기전세주택 입주희망이 52%로 나타난 반면, 300만 원 미만의 소득을 가지고 있는 가구에서는 주택을 구매하겠다는 응답이 72%, 500만 원 이상의 소득수준에서는 주택구매 선호비율이 모두 높게 나타났다.

학력별 선호도를 보면 대졸의 경우 장기전세주택 입주를 희망한 사람이 전체의 35.6%에 불과했지만 석사학위자의 경우 전체의 55.6%가 장기전세주택 입주를 희망하였다.

위의 설문에서 나타난 결과를 종합적으로 설명하여 보면 장기전세주택에 대한 선호는 40대와 50대, 여성, 중산층 정도의 소득과 석사 이상의 고학력자, 주택 없이 전세에 거주하는 사람들, 주택업무와 관련된 기간이 10년 이상인 직원들이 선호하는 것으로 분석할 수 있다.

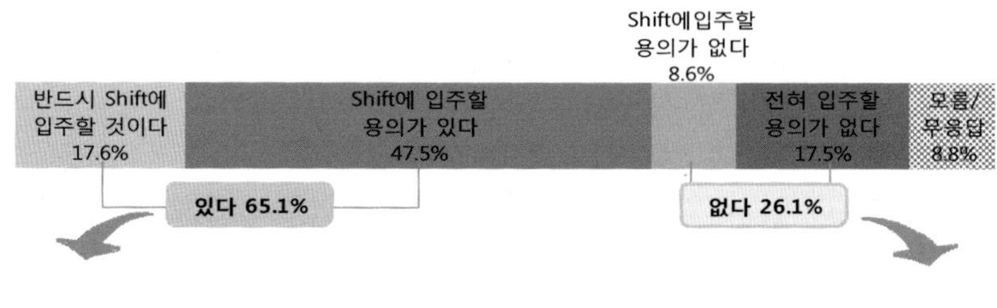

자료: 서울시(2011)

〈그림 3-2〉 장기전세주택에 대한 입주 선호도

(2) 장기전세주택에 대한 선호사유

장기전세주택에 입주하겠다는 선호 응답자를 대상으로 주택구매가 아닌 장기전세주택에 입주하려는 이유를 조사한 결과 20년간 안정적으로 거주하기 때문이라는 응답자가 전체의 51%로 매우 높게 나타났다. 또한 시세 이하의 저렴한 전세금을 이유로 선택한 응답자도 29.3%에 달했다(〈표 3-32, 33〉 참조).

이처럼 장기전세주택은 20년이라는 장기간 안정적인 주거를 시세보다 저렴한 가격으로 공급되는 것이 큰 장점이라고 할 수 있다.

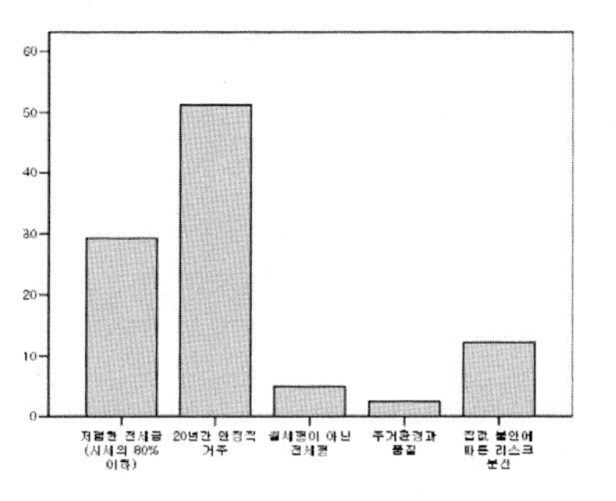

<표 3-32> 장기전세주택에 입주하려는 이유(2009)

구분	빈도	퍼센트
저렴한 전세금 (시세의 80% 이하)	12	29.3
20년간 안정적 거주	21	51.2
월세형이 아닌 전세형	2	4.9
주거환경과 품질	1	2.4
집값 불안에 따른 리스크 분산	5	12.2
합계	41	100

장기전세주택이 아닌 본인 소유의 주택을 소유할 것이라고 응답한 요인을 살펴보면, 거주의 안정성을 선택한 응답자가 53%로 가장 높게 나타났으며, 소유한 주택의 투자가치를 선택한 응답자가 20%로 나타났다. 위의 설문결과를 종합해 보면 거주의 안정성만 어느 정도 확보되더라도 주택에 대한 개념은 상당한 전환을 가져올 수 있을 것으로 보인다.

<표 3-33> 장기전세주택에 입주의향 및 사유(2011)

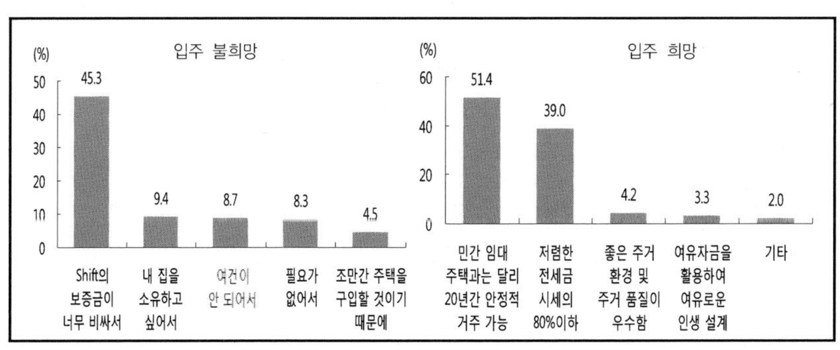

자료: 서울시(2011)

3. 시사점

장기전세주택이 정책적 목표로 제시한 주택에 대한 인식의 전환을 연구하기 위해 설문조사를 실시하였다. 정책목표가 다소 추상적인 만큼, 이것에 정확하게 접근하기 위하여 조사대상과 조사시기, 조사대상을 다변화하였고 집단들 간에 비교분석도 실시하였다. 설문의 응답을 세부적으로 분석하기 위해 주택정책을 담당하는 직원들을 대상으로 설문문항의 수를 다양하게 늘려 다차원적 분석을 시도하였다.

그 결과를 종합적으로 정리하면, 주택에 대한 개념은 아직 투자대상에 가까우나 거주수단으로의 변화가 있는 것으로 판단된다. 이러한 사유로는 주택가격의 하락 혹은 상승세의 정체로 인한 투자가치의 하락과 장기전세주택의 공급이 조사대상에 따라 차이는 있으나 공통적으로 작용하고 있는 것으로 나타났다. 이것은 앞으로 주택구매와 장기전세주택 입주를 선택하는 비율이 서로 비슷한 현상으로 보이는 것에서도 입증할 수 있을 것으로 판단할 수 있다.

장기전세주택의 영향력에 대해서도 앞으로 주택의 인식전환에 기여를 할 것으로 생각하고 있으며, 물량이 늘어갈수록, 공급시점이 지속적으로 경과할수록 기여도가 높다고 응답하였다.

무엇보다도 앞으로 공공이 지향해야 할 주택정책의 목표와 관련하여 '내집마련 촉진'보다는 '주택에 대한 인식전환'을 더 높게 평가하고 있었으며 목표달성에 대한 전망도 긍정적인 측면이 높게 나타났다.

제 4 장

장기전세주택이 주변 전세가격에 미치는 영향 분석

제1절 주변 전세가격에의
영향력 파악을 위한 분석모형

1. 주변 전세가격에 미치는 영향분석의 필요성

1) 정책목표 달성과의 연관성 차원의 필요

　장기전세주택이 주변 전세가격에 미치는 영향을 분석하는 이유는 크게 2가지이다. 우선은, 장기전세주택의 숨은 정책목표(hidden agenda)와 관련이 있기 때문이다. 즉 주변보다 전세가격을 낮게 공급함으로써 거품논란을 일으킬 만큼 높이 형성돼 있는 서울의 주택가격을 낮출 수 있는 촉매제로 활용하겠다는 취지의 목표가 숨겨져 있기 때문이다. 이것은 명시적인 정책목표로 밝힌 주택에 대한 인식전환과 인과관계도 형성하고 있다. 즉 주택을 투자대상에서 거주수단으로 인식변화가 있다는 답변자에게 그 이유가 무엇이냐는 설문에 투자가치(주택가격)의 하락을 답한 사람이 32%, 투자가치 불투명(주택시장 불안)이 28%였다. 결국 응답자 60%의 주택에 대한 인식변화는 투자가치와 관련(60%)되어 있었다.

구분	빈도	퍼센트
투자가치(주택가격) 하락	16	32
투자가치 불투명 (주택시장 불안)	14	28
장기전세주택의 공급	16	32
보금자리주택의 공급	2	4
기타	2	4
합계	50	100

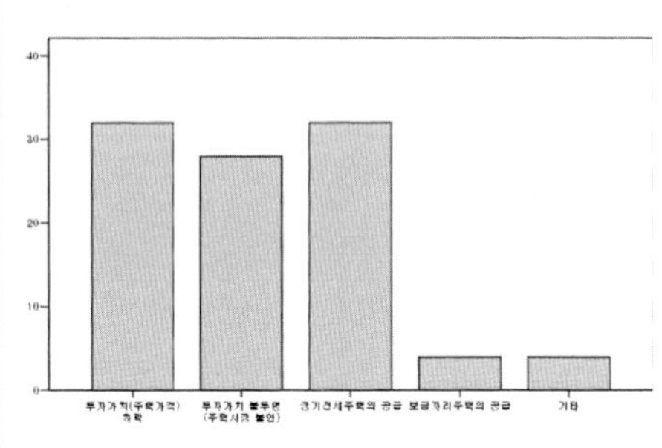

이를 통해서 거주수단으로의 인식변화는 주택의 투자대상으로서의 매력도를 감소시키는 것이 매우 중요한 요소가 된다는 것을 알 수 있다.

이처럼 주변의 주택가격, 즉 투자가치를 낮추거나 안정화하는 것은 명시적인 정책목표의 달성과도 깊은 관련이 있다고 볼 수 있다.

2) 설문조사 결과의 검증 차원의 필요

두 번째는 설문조사를 통해 밝혀진 내용이 실제 상황에서도 나타나는지를 검증하기 위함이다.

장기전세주택이 주변의 주택가격에 미치는 영향에 대해 전문가 집단의 53%가 낮춘다고 답하였고, 관계없다는 답변은 36%였다. 이것은 하락영향력에 대한 답변의 보금자리주택(68%)보다는 낮고, 국민임대주택(45%)보다는 높은 수치이다. 보금자리주택이 주변 가

격을 낮출 것이라는 응답이 높은 이유는 주택가격이 가장 높은 강
남지역에 우선 공급되면서 공급예정가격이 주변시세의 50~75%
수준이라고 발표한 것과 관련이 있는 것으로 해석할 수 있다. 이
러한 조사결과는 〈표 4-2〉와 같다.

〈표 4-2a〉 공급 주택유형이 주택가격에 미치는 영향

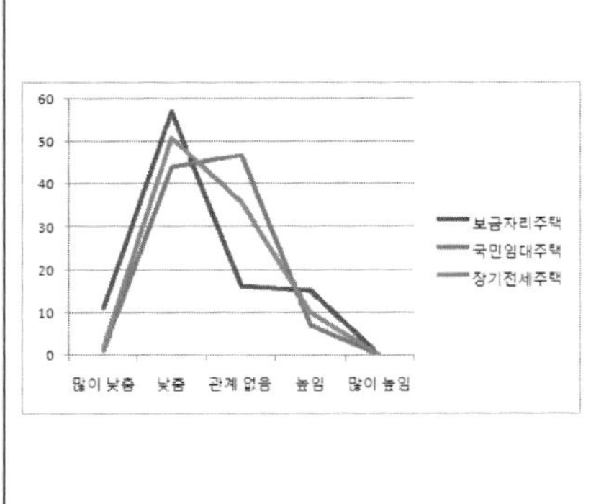

구분	보금자리 (%)	국민임대 (%)	장기전세 (%)
많이 낮춤	11	1	2
낮춤	57	44	51
관계 없음	16	47	36
높임	15	7	10
많이 높임	0	0	0
합계	99	99	99
무응답	1	1	1

〈표 4-2b〉 장기전세주택 공급이 주변 주택가격에 미치는 영향

구분			설문결과			
조사일시	조사대상	조사인원	매우 도움	어느 정도 도움	별로 도움되지 않음	전혀 도움되지 않음
'11.9.	전문가	60	11.7%	56.7%	28.3%	3.3%
'09.5.	일반시민	420	32.9%	42.9%	18.6%	5.7%

자료(2011년 조사결과): 서울시(2011)

장기전세주택이 주변 주택가격에 미치는 영향과 관련하여 전문
가 응답집단별로 유의미한 차이를 보였는데, 어느 집단의 주장이
더 적합한지를 회귀분석을 통해 검증해 보는 것도 흥미롭다고 할
수 있다.

　서울시와 국토해양부 등 공무원 집단의 경우 주변 주택가격을 낮춘다는 의견이 각각 72%와 67%로 가장 높게 나타났다. 하지만 SH공사와 LH공사 등 공사 집단의 경우 관계없다는 의견이 각각 40%와 48%로 가장 높게 나타났다. 또한 SH공사의 경우 주변 주택가격을 높일 것이라는 응답도 32%에 달해 집행기관으로서 장기전세주택에 대해 부정적 의사를 가진 것으로 볼 수 있었다. 이처럼 장기전세주택은 공무원과 공사 직원 간의 인식차이가 크게 나타나고 있었으며, 95% 수준에서 통계적으로 유의하다. 교차분석 내용은 〈표 4-3〉과 같다.

〈표 4-3〉 장기전세주택의 주택가격영향에 대한 네 집단 교차분석

구 분		서울시	SH공사	LH공사	국토해양부	전체
많이 낮춤	빈도	0	1	1	0	2
	집단간비율(%)	0.0	50.0	50.0	0.0	100.0
	집단내비율(%)	0.0	4.0	4.0	0.0	2.0
낮춤	빈도	18	6	11	16	51
	집단간비율(%)	35.3	11.8	21.6	31.4	100.0
	집단내비율(%)	72.0	24.0	44.0	66.7	51.5
관계 없음	빈도	7	10	12	7	36
	집단간비율(%)	19.4	27.8	33.3	19.4	100.0
	집단내비율(%)	28.0	40.0	48.0	29.2	36.4
높임	빈도	0	8	1	1	10
	집단간비율(%)	0.0	80.0	10.0	10.0	100.0
	집단내비율(%)	0.0	32.0	4.0	4.2	10.1
전체		25	25	25	24	99
		25.3	25.3	25.3	24.2	100.0
		100	100	100	100	100

(p＝0.001)

2. 헤도닉 가격 모델(Hedonic Price Model)

　주택이나 토지는 다른 재화와 차별화되는 여러 가지 특성을 지닌 재화이다. 이러한 주택이나 토지와 같은 재화에 대해서는 소비자들이 차별화되는 특성을 소비함으로써 효용을 얻게 된다는 것을 헤도닉 가설이라 한다.

　본 책은 장기전세주택이 주변 주택가격에 미치는 영향을 분석하기 위해 헤도닉 가격 모형을 사용하였다. 헤도닉 가격 모형은 주택의 동질성에 대한 가정을 제거하고 이질적인 재화로 주택을 분석하는 방법이다. Sherwin Rosen(1974)은 헤도닉 가격 모형을 제안하고 주택의 개개 특성요소별 가격추정 방식을 제시하였다. 헤도닉 가격 모형에는 '(이질적인) 재화의 가치는 해당 재화에 내포되어 있는 특성(attributes, characteristics)에 의해 결정된다'는 가정을 포함한다.

　이처럼 헤도닉 가격 모형은 재화가 갖는 다양한 특성들이 재화가격에 미치는 효과를 분석하는 모형이다. 재화 속에 포함되어 있는 특성들의 가격과 양은 재화의 가격을 결정하며 이 특성들의 가격을 헤도닉 가격(hedonic price) 또는 잠재가격(implicit price)이라고 부른다.[3] 특성가격은 관찰되는 재화의 가격과 특성들의 양을 이용하여 계산하며, 재화의 가격을 특성들의 양에 대해 회귀함으로써 특성가격을 추정하는 것이다.

　이러한 헤도닉 가격 모형은 Griliches와 Rosen에 의해 개발되고

---

3) 이용만, 2004, 부동산시장 분석론, 81~87쪽.

체계화된 특성가격 함수 모형으로 자동차나 주택과 같은 동일 종류의 상품이라 하더라도 질적인 차이가 존재하는 상품에서 이 차이의 근원인 각 특성별 내재가치를 추정하기 위해 활용되기 시작하였다.

아파트가 지니는 이러한 특성의 개별가치는 시장에서 직접적인 분석 및 관찰이 어려우므로 이러한 개별가치를 파악하기 위한 분석기법으로 헤도닉 가격 함수가 자주 이용된다.

아파트는 물리적 특성과 아파트가 속한 단지 및 지역의 특성, 사회적·제도적 특성 등 다양한 특성을 지닌 복합재로 헤도닉 가격 함수를 통한 아파트 가치의 추정은 이러한 다양한 특성 가치의 합으로 볼 수 있다. 헤도닉 가격 함수는 소비자가 주택을 선택할 때 주택 그 자체보다는 주택이 보유하는 각종 주택 특성을 선택한다는 가설에 근거하고 있으며 이를 함수식으로 표현하면 다음과 같다.

$$P = h(Q,\ R,\ S,\ \cdots\cdots)$$

P: 재화의 가격
Q, R, S: 재화의 특성
h( ): 함수의 형태

일반적인 헤도닉 함수는 Linear(선형) 함수, Semi-Log 함수, Double log 함수를 사용한다. 이 중 본 연구에 사용된 선형 함수는 독립변수와 종속변수의 관계가 선형이라는 것을 가정하고 있으며 이를 회귀식으로 표현하면 다음과 같다.

$$P = a + \beta_1 X_1 + \beta_2 X_2 + \beta_3 X_3 + \varepsilon_i$$

여기서 a는 상수항이고 X_1, X_2, X_3은 각각의 특성변수로 관찰이 가능한 변수들이며, β_1, β_2, β_3은 각각 개별주택 특성의 계수로 회귀를 통해 추정해야 하는 모수이다. 자료 수집 이후 이 함수에 대한 회귀식을 통해 얻어진 β_1, β_2, β_3 등 각 계수 값은 임의의 주택 특성 변수의 잠재가격 즉 특성을 한 단위 변화시킬 때 아파트 가격이 얼마나 변동하는가를 표시한다.

3. 분석모형 및 변수의 설정

본 책에서는 주택가격은 물리적 요인, 주변환경요인, 입지적 요인에 영향을 받으며, 헤도닉 가격 모형은 주택이 갖는 이러한 특성들에 대한 함수라는 가정을 기초로 하여 다음과 같은 주택가격 결정모형을 정의할 수 있다.

$$P = a_0 + \sum_{i=1}^{l} b_i C_i + \sum_{j=1}^{m} b_j B_j + \varepsilon k$$

P: 단위면적(㎡)당 전세가격
C_i: 물리적 특성변수(면적, 층, 향, 단지규모, 경과연수, 지하철역까지의 거리)
B_j: 사회적 특성변수(장기전세주택의 유무, 장기전세주택 공급규모, 장기전세주택까지의 거리)
εk: 오차항

본 책에서는 선형 모형을 기본으로 사용하여 분석하고, 모형의 설명력과 퍼센트(%) 변화를 비교 평가하기 위해서 일부 Semi-log 모형을 사용하였다.

변수의 설정과 관련해서 본 책은 단위면적당 전세가격을 종속변수로 설정하였다. 이는 장기전세주택이라는 정책의 목표가 궁극적으로는 시민들의 인식전환을 통한 주거시장 안정에 있기 때문에 실제로 장기전세주택의 효과는 서울시 전역 또는 공급지의 전세가격에 영향을 미칠 것이라는 가정에서 비롯되었다. 또한 과거와의 영향력 비교를 위하여 2009년 8월 SH공사에서 실시한 '장기전세 유효성평가용역' 자료와의 비교분석을 시도하였다.

우선, 전세가격에의 영향을 살펴보았다. 장기전세주택 공급을 통한 시장효과는 일차적으로는 매매가격이 아닌 전세가격의 하향 안정화를 가져다줄 것이라는 가정에서부터 기인한 것이다. 매매가격의 경우 장기전세주택 이외에 영향을 미치는 요인이 많아 본 책에서는 제외하였다.

표본들의 단위면적당 전세가격은 2009년 6월 25일~6월 30일까지, 닥터아파트와 현지 부동산 중개사무소의 전화조사를 통해 확보한 기존의 자료와 2010년 5월 1일~5월 20일까지의 자료를 같은 방식으로 재조사하여 비교분석을 실시하였다.

독립변수는 선행연구 분석을 토대로 장기전세주택이 공급된 지역에 적용 가능한 요인들을 선별하였다. 택지개발 내지 뉴타운 사업으로 인하여 주택이 공급된 지역에는 비교 가능한 주택단지가 없거나 적어, 해당 단지 안에서 분양주택과 장기전세주택과의 비교가 모호한 학군, 도심까지의 거리, 건폐율, 용적률과 같은 요인들은 제외하였다. 이를 토대로 설정한 독립변수로는 먼저 물리적 특성과 관련하여, 면적, 향, 층, 전체 단지규모, 경과연수를 특성요인으로 설정하였고, 근린지역의 주변환경 특성으로는 지하철역과의 거리를, 사회적 환경으로는 단지 내 장기전세주택 유무, 장기전세주택의 공급규모, 장기전세주택까지의 거리를 각각 특성요인으로 설정하였다.

지하철역까지의 거리는 직선최단거리를 기준으로 하고, 향은 더미변수로 남향, 남동향, 남서향의 경우 1, 기타 향은 0으로 하였으며, 장기전세주택과의 거리는 장기전세주택 입주 단지는 $0km$, 기타 단지는 장기전세주택 입주 단지와의 최단거리를 기준으로 하였다. 또한 장기전세주택 입주유무는 더미변수로 장기전세주택이 존재하는 단지는 1, 그렇지 않은 경우 0으로 처리하였으며, 분석을 위한 프로그램은 SPSS(v.12)과 Excel(2007)을 사용하였다. 이들 각각의 독립변수 구성과 이들 처리에 대한 자세한 설명은 아래 〈표 4-4〉 및 〈표 4-5〉와 같다.

또한 연구의 신뢰도를 높이기 위하여 전세가격에 있어서 인터넷 조사 자료와 현지 전화조사와의 차이를 알아보고, 기존조사와 현재조사의 비교를 위해 독립표본 T-test를 실시하여 모형의 신뢰도를 높였다.

지역별로는 은평, 반포, 장지, 발산 지역은 개별지역 분석을 실시하고, 강일지역의 경우 주변지역의 비교 대상선정에 어려움이 있어 개별지역 분석에서는 제외하고 종합적인 분석에는 포함시켰다.

<표 4-4> 변수의 구성

구분	특성		
종속변수	m^2당 전세가격		
독립변수	물리적 특성	단위주택 특성	면적, 향, 층
		단지의 물리적 특성	경과연수, 단지규모
		단지의 입지적 특성	지하철역까지 거리
	사회적 특성	장기전세주택 관련 특성	장기전세주택 유무, 장기전세주택까지의 거리, 장기전세주택 공급규모, 장기전세주택 500m 이내 여부

<표 4-5> 변수의 처리 및 자료 출처

구분	변수의 처리	단위	통계 처리	자료출처
전세가격	단위면적(m^2)당 가격	천 원	척도	인터넷*, 전화조사
면적	계약면적(Unit size)	m^2	척도	인터넷, 전화조사
향	건물의 향	0,1	더미	인터넷, 전화조사
층	아파트의 층수	층	척도	인터넷, 전화조사
경과연수	현재(2009) - 준공 연도	년	척도	인터넷, 전화조사
단지규모	단지의 공급물량	호	척도	인터넷, 전화조사
지하철역 거리	직선거리(GIS로 측정)	km	척도	인터넷 지도서비스**
장기전세주택 유무	단지 내 존재유무	0,1	더미	장기전세주택 홈페이지***
장기전세주택 까지의 거리	장기전세주택과의 직선거리	km	척도	인터넷 지도서비스
장기전세주택 공급규모	단지내 장기전세주택의 공급호수	호	척도	장기전세주택 홈페이지
장기전세주택 근거리 여부	장기전세주택 500m 이내 위치	0,1	더미	인터넷 지도서비스

* 닥터아파트(www.drpat.com)와 스피드뱅크(www.speedbank.co.kr)의 2009년 6월 25일~30일까지의 자료와 2010년 5월 1일~20일까지의 자료를 사용하고, 전화조사를 실시함

** local.daum.net

*** www.shift.or.kr

제2절 주변주택의 전세가격에 미치는 영향분석

1. 독립표본 T-test

실험의 신뢰도를 높이기 위하여 인터넷과 전화조사를 통한 자료 수집을 실시하였다. 이러한 두 실험군의 평균값에 대하여 독립표본 T-test를 실시하여, 두 집단의 평균값에 차이가 없다는 귀무가설 이 채택될 경우 실험의 신뢰도를 더욱 높일 수 있고, 모든 그룹을 실험의 대상으로 할 수 있을 것이다.

인터넷으로 조사한 그룹과 전화조사를 통한 전세가격 그룹의 집 단 통계량은 아래 〈표 4-6〉 및 〈표 4-7〉과 같다. 2009년 조사의 경 우 인터넷으로 조사한 집단은 244개이고 전화로 조사한 집단은 131개의 표본이 추출되었으며, 인터넷을 통해 조사한 전세가격의 평균은 2,038.48천 원/m^2이고, 전화로 조사한 전세가격의 평균은 1,990.72천 원/m^2이다. 2010년 자료의 경우 인터넷 조사는 251개, 전화조사는 124개이며, 인터넷을 통한 전세가격의 평균은 2,408.17 천 원/m^2이고, 전화로 조사한 전세가격의 평균은 2,312.14천 원/m2 이다. 이처럼 1년간 전세가격의 많은 상승이 있었다는 것을 알 수 있고 평균 상승률은 17% 정도로 나타났으며, 인터넷 시세보다는 전화조사를 통한 시세가 2개 연도 모두 약간 낮은 수준인 것으로 나타났다.

〈표 4-6〉 2009년 조사 전세가 표본 집단통계량

(단위: 천 원)

그룹	N	평균	표준편차	평균의 표준편차
인터넷	244	2,038.48	726.64	46.52
전화조사	131	1,990.72	753.52	65.84

〈표 4-7〉 2010년 조사 전세가 표본 집단통계량

(단위: 천 원)

그룹	N	평균	표준편차	평균의 표준편차
인터넷	251	2,408.17	1,074.08	67.80
전화조사	124	2,312.14	1,026.13	92.15

독립표본 T‒test는 두 집단에 대한 분산의 동질성을 검정하기 위해 Leven의 검정, 즉 F 값을 이용하여야 한다.

$$H_0: \delta_{12} = \delta_{22}$$

$$H_1: \delta_{12} \neq \delta_{22}$$

등분산 검정결과 2009년 자료는 F 값이 0.18이고 유의확률은 0.67〉0.05, 2010년 자료는 0.69〉0.05이므로, 두 모집단의 분산이 동일하다는 귀무가설 H_0이 채택되어 등분산이 가정되는 정황하에서 T‒test를 실시한다. 아래 〈표 4-8〉 및 〈표 4-9〉에 의하면 두 집단 간 평균 차이는 2009년 47.77, 2010년 96.03로 나타나 지역별 전세가격의 편차가 더 커진 것으로 나타났으며 평균 차이의 유의 확률은 2009년 0.55〉0.05, 2010년 0.502〉0.05이므로 두 모집단의 평균은 동일하다는 귀무가설이 채택된다.

$$H_0: \mu_{12} = \mu_{22}$$

$$H_1: \mu_{12} \neq \mu_{22}$$

〈표 4-8〉 2009년 전세가격 독립표본 T-test

구분	F	유의확률	t	자유도	유의확률(양쪽)	평균차	차이의 표준오차	신뢰하한	신뢰상한
등분산이 가정됨	0.18	0.67	0.60	373.00	0.55	47.77	79.73	-109.01	204.55
등분산이 가정되지 않음			0.59	257.83	0.55	47.77	80.61	-110.97	206.51

〈표 4-9〉 2010년 전세가격 독립표본 T-test

구분	F	유의확률	t	자유도	유의확률(양쪽)	평균차	차이의 표준오차	신뢰하한	신뢰상한
등분산이 가정됨	0.16	0.69	0.83	373.00	0.502	96.03	116.19	-132.44	324.49
등분산이 가정되지 않음			0.84	255.38	0.502	96.03	114.40	-129.26	321.32

결과적으로 인터넷을 통한 조사와 전화조사와는 평균값에 차이가 없다는 것을 알 수 있으며, 이후 전세가격의 영향분석에 있어서는 이 두 값을 혼용하여 사용하여도 된다는 것을 알 수 있다.

2. 지역별 가격 영향력 분석

1) 은평지역

　은평지역은 뉴타운 지역이지만, 도시개발법에 의해 추진되었다. 3개 지구로 나누어 개발되고 있으며, 2011년 3지구까지 완공되면 총 16,172호의 주택이 공급되고 이 중 임대 물량은 4,835호로 계획되어 있다.[4] 서울시 뉴타운 사업의 일환으로 대규모 택지개발 지역에 SH공사가 직접 건설하여 공급하는 형태이다. 또한 2지구까지의 공급이 완료되었으며 3지구까지 모두 입주할 경우 장기전세주택은 국민임대보다 1,400세대 정도 많은 2,971세대가 공급되는 지역이기도 하다. 1지구에 비해 2, 3지구에 집중적으로 장기전세주택의 공급이 이루어졌으며, 공급면적은 $59m^2$과 $84m^2$의 두 가지 형태로 공급되었다. 장기전세주택의 공급가격은 1억~1억 3천만 원 내외로 주변시세의 70% 정도 선에서 결정되었다. 서울시의 대표적인 뉴타운 지역을 장기전세주택을 대량 공급한 지역으로 볼 수 있으며, 대형평형의 공급은 이루어지지 않고 국민주택 규모 이하의 면적으로만 장기전세주택이 공급되었다.

---

4) htt://www.eunyeong.seoul.kr/newtown

〈표 4-10〉 은평지역 장기전세주택 공급현황

구분	전체		일반/조합원분양		장기전세주택		국민임대	
	규모(㎡)	호수	규모(㎡)	호수	규모(㎡)	호수	규모(㎡)	호수
1지구	49~167	2,068	59~167	495	59,84	685	49~84	888
2지구	59~167	3,660	59~167	2,037	59,84	1,116	39,49	507
3지구 (B,D공구)	39~84	1,316	0	0	59,84	1,170	39,49	146
계		7,044		2,532		2,971		1,541

자료: SH공사 내부자료를 재구성(2009년 말 기준)

〈표 4-11〉 은평지역 장기전세주택 공급면적 및 가격

구분	전용면적	전세금액(천 원)	입주일
은평1지구	59m^2	97,990	'08.6.~'09.9.
	84m^2	126,300	'08.6.~'09.9.
은평2지구 - 1	59m^2	101,990	'09.12.
	84m^2	131,116	'09.12.
은평2지구 - 2	59m^2	98,570	'09.9.
	84m^2	127,050	'09.9.

자료: 장기전세주택 입주자 모집 공고문 재구성

(1) 기술통계량

은평지역의 체계적인 분석을 위해 2009년 '장기전세 유효성 평가용역'과 같은 샘플개수와 같은 방식으로 표집을 실시하였다. 분석 결과를 살펴보면 단위면적당 가격은 62천 원/m^2 정도 상승하였으며, 공급면적의 샘플도 조금 커진 것을 볼 수 있다. 향과 층은 큰 차이가 없으며 장기전세주택 유무도 큰 차이를 보이고 있지 않은 것으로 나타나 전반적으로 샘플링에 큰 차이가 없음을 알 수 있다. 단위가격의 상승은 2009년부터 이어진 전세가격의 전반적인

상승에 영향을 받은 것으로 보인다. 또한 2009년 분석에는 포함되지 않았던 장기전세주택과의 근거리 위치 여부나 입주연도부터의 경과연수, 그룹별 차이, 장기전세주택까지의 거리 등을 변수로 추가하여 분석하였다. 이에 대한 자세한 결과는 아래 〈표 4-12〉와 같다.

〈표 4-12〉 은평지역 기술통계량

구분	평균		표준편차		N
	2009년	2010년	2009년	2010년	
단위가격(천 원/m^2)	1608.65	1670.29	158.49	242.21	75.00
면적(m^2)	113.76	120.43	15.44	22.95	75.00
향	0.20	0.27	0.40	0.45	75.00
층	7.64	7.17	3.34	2.79	75.00
지하철거리(km)	0.61	0.53	0.37	0.31	75.00
장기전세주택 유무	0.55	0.48	0.50	0.50	75.00
근거리	−	0.48	−	0.50	75.00
경과연수	−	1.52	−	0.50	75.00
장기전세주택 규모	172.83	147.36	232.01	220.26	75.00
단지규모	464.71	417.43	253.31	243.45	75.00
그룹	−	1.41	−	0.50	75.00
장기전세주택 거리	−	0.42	−	0.53	75.00

(2) 상관관계 분석

2009년 은평지역의 전세가격과 상관관계가 있다고 볼 수 있는 독립변수는 95% 수준에서 공급면적, 향, 층, 지하철역과의 거리, 단지규모, 경과연수, 장기전세주택의 공급규모 등으로 나타났다. 2010년에 있어서는 공급면적, 향, 장기전세주택과의 거리가 전세가격과 유의한 상관관계가 있다고 나타났다. 또한 유의한 독립변수 중 면적은 가격과 부(−)의 상관관계를 가지는 것으로 나타나 단위면적당 가격은 면적이 커질수록 단위면적당 임차료는 낮아지는 것을 알 수 있다. 자세한 내용은 아래 〈표 4-13〉과 같다.

〈표 4-13〉 은평지역 상관관계 분석

구분	피어슨 상관계수		유의확률	
	2009	2010	2009	2010
	가격		가격	
단위가격(천 원/m^2)	1.00	1.00	–	–
면적(m^2)	– 0.51	– 0.47	0.00**	0.00**
향	0.33	0.23	0.00**	0.02**
층	– 0.24	0.10	0.02**	0.20
지하철거리(km)	0.29	0.18	0.01**	0.06
장기전세주택 유무	–	– 0.15	–	0.10
근거리	–	– 0.15	–	0.10
경과연수	0.19	0.15	0.05	0.10
장기전세주택 규모	0.44	– 0.03	0.00**	0.40
단지규모	0.27	– 0.09	0.01**	0.23
그룹	–	0.20		0.05
장기전세주택 거리	0.17	0.21	0.07	0.04**

(** p⟨0.05)

(3) 회귀분석

헤도닉 모델에 기반을 둔 다중회귀분석 모형을 요약하면 〈표 4-14〉와 같다. 전반적인 전세가격의 상승과 단지별 가격차이가 생기면서 모형의 설명력은 2009년에 비해 낮아진 것을 알 수 있으며, 추정값의 표준오차도 더욱 커진 것을 알 수 있다. 또한 다른 변수들과의 높은 상관관계를 나타내 다중공선성의 문제를 야기할 수 있는 변수들을 제거하였다. 자기 상관을 나타내는 더빈－왓슨 값이 1.89로 음이나 양의 자기 상관은 없는 것으로 볼 수 있다.

〈표 4-14〉 은평지역 모형 요약

연도	R	R^2	수정된 R^2	추정값의 표준오차	Durbin – Watson
2009	0.76	0.58	0.54	107.49	1.92
2010	0.59	0.35	0.26	208.85	1.89

　2009년 연구결과에서 보면 은평지역에서는 면적과 향, 경과연수 및 장기전세주택의 규모가 95% 신뢰수준에서 유의한 영향을 미친다고 나타났으며, 90% 수준에서 단지규모 변수도 유의하다고 나타났다. 하지만 본 책에서는 95% 신뢰수준에서는 단위면적만이 부의 영향을 미치는 요소로 나타났으며 90% 수준에서 장기전세주택의 규모가 영향을 미치는 것으로 나타났다. 이를 통해 은평지역의 경우 장기전세주택의 공급규모가 클수록 단위면적당 가격이 높다는 것을 알 수 있다. 이와 같은 특성은 은평지역은 뉴타운으로 주택상품 간의 이질적인 차이가 존재하지 않고, 장기전세주택의 공급이 전세가격에 큰 영향을 미치지 못하고 있는 것으로 나타났다.

〈표 4-15〉 은평지역 회귀분석 결과

구분	비표준화 계수		표준화 계수	t	유의확률
	B	표준오차	베타		
(상수)	2068.05	278.12		7.44	0.00
면적	− 5.32	1.24	− 0.50	− 4.31	0.00**
향	73.25	69.21	0.13	1.06	0.29
층	− 0.25	9.58	0.00	− 0.03	0.98
지하철거리	− 185.07	212.74	− 0.24	− 0.87	0.39
입주연도	173.20	101.28	0.36	1.71	0.09
장기전세주택 규모	0.76	0.38	0.69	1.98	0.05*
단지규모	− 0.42	0.35	− 0.42	− 1.19	0.24
그룹	71.28	56.57	0.15	1.26	0.21
장기전세주택 거리	52.60	166.20	0.11	0.32	0.75

(* $p<0.1$, ** $p<0.05$)

2) 반포지역

반포지역의 장기전세주택은 구 주공아파트 3단지를 재건축하여 공급된 반포 자이 아파트 3,410가구 내에서 서울시가 매입하여 공급하는 형태로 총 419호가 공급되었으며, 래미안 퍼스티지에는 266호가 공급되었다. 반포지역의 장기전세주택 공급은 서초지역의 대표적인 브랜드 아파트에 공급된다는 장점과 주변시세에 비해 낮은 전세가격이 설정되어 중산층 이상 실수요자들의 높은 관심이 나타난 특수한 지역이라고 볼 수 있다. 반포지역의 경우 다른 지역에 비해서는 높은 가격에 공급되었음에도 불구하고, 이러한 지리적인 이점과 브랜드 아파트라는 강점으로 인해 임대주택의 새로운 형태를 보여 준 전형적인 지역으로 평가받고 있다.

재건축 지역 내에 공급되는 장기전세주택의 경우 SH공사가 직접 공급하는 지역과 달리 청약에 특별한 제한사항이 적용되지 않았다. 또한 입지여건이 매우 우수한 지역이어서 높은 청약경쟁률을 나타냈다.[5]

전용면적 $84m^2$의 경우 3억 원, 전용면적 $59m^2$의 경우 2억 2,000만 원 수준으로 공급되었으며, 래미안 퍼스티지의 경우 $59m^2$의 단일형으로 2억 5,000만 원 수준으로 공급되었다.

---

5) $84m^2$형의 경우 100가구 모집에 2,692명이 몰려 26.9 대 1의 높은 경쟁률을 나타냈으며, 이 단지에서 함께 공급된 $59m^2$형 319가구 역시 1,738명이 신청해 5.4 대 1을 나타냈다.

〈표 4-16〉 반포지역 장기전세주택 공급현황

구분	전체		일반/조합원분양		장기전세주택	
	규모(m^2)	호수	규모(m^2)	호수	규모(m^2)	호수
반포이	59~167	3,410	59~167	2,991	59,84	419
래미안 퍼스티지	59~167	2,448	59~167	2,182	59,84	266
계		5,858		2,532		685

자료: SH공사 내부자료를 재구성

〈표 4-17〉 반포지역 장기전세주택 공급면적 및 가격

구분	전용면적	전세금액(천 원)	입주일
반포자이	$59m^2$	224,000	'09.5.
	$84m^2$	300,000	'09.5.
래미안 퍼스티지	$59m^2$	253,000	'09.12.

자료: 장기전세주택 입주자 모집 공고문 재구성

(1) 기술통계량

반포지역에서 모집된 표본의 기술통계량을 살펴보면, 2009년의 평균 전세가격은 m^2당 3,183천 원 수준으로 다른 지역에 비해 높게 형성되어 있으며, 2010년에도 4,108천 원/m^2으로 다른 지역에 비해 높게 나타났다. 또한, 시장의 전반적인 전세가격 상승은 이 지역에서도 동일하게 나타나고 있음을 알 수 있다. 2010년 샘플링에 있어서 향에 대한 평균값이 0.45로 높아져 남향과 다른 향이 고르게 표집된 것을 알 수 있으며, 반포지역의 경우 최근 장기전세주택이 공급된 반포자이와 래미안 퍼스티지의 경우 단지 수가 주변 단지에 비해 매우 커서 단지규모에 대한 표준편차가 여전히 크게 나타났다. 또한 지역특성상 최근 입주한 단지와 재건축 예정 단지 등이 고르게 분포하고 있어 표준편차가 크게 나타났다. 평균

경과연수는 2009년에는 9년, 2010년에는 10년 정도로 나타나 비슷한 모집단에서 샘플링을 했다는 것을 알 수 있다.

자세한 기술통계량은 〈표 4-18〉에 나타난 바와 같다.

〈표 4-18〉 반포지역 기술통계량

구분	평균		표준편차		N
	2009년	2010년	2009년	2010년	
단위가격(천 원/m^2)	3,183.75	4,108.62	720.58	1,098.26	75.00
면적(m^2)	96.33	98.83	14.69	14.54	75.00
향	0.23	0.45	0.42	0.50	75.00
층	12.13	12.48	6.42	5.91	75.00
지하철거리(km)	0.61	0.61	0.42	0.42	75.00
장기전세주택 유무	0.51	0.51	0.50	0.50	75.00
근거리	–	0.73	–	0.45	75.00
경과연수	9.16	10.16	12.28	12.28	75.00
장기전세주택 규모	419.00	152.79	201.06	201.06	75.00
단지규모	3,410.00	1,716.35	1,306.00	1,306.00	75.00
그룹	–	1.29	–	0.46	75.00
장기전세주택 거리	–	0.37	–	0.52	75.00

(2) 상관관계 분석

2009년 반포지역의 전세가격에 상관관계가 있다고 볼 수 있는 독립변수는 95% 수준에서 층, 단지규모, 경과연수, 장기전세주택 유무 및 공급규모 등이었다. 본 조사에서 2009년과 대부분 동일한 결과가 나타났지만 향과 지하철까지의 거리가 유의성이 있는 섯으로 나타났다. 이는 향에 대한 편의가 지난번보다 줄어든 결과로 판단되며, 지하철까지의 거리에 대한 정의 관계로 나타나 단지 내 거리는 무차별하다고 보인다. 2009년 조사와 금번조사에서 모두 장기전세주택의 유무와 가격이 정(+)의 상관관계를 나타낸 것은 장기전세주택이 공급된 아파트가 신축아파트로 주변 재건축 예정 단지들이 산재해 있는 반포지역의 특성상 신축아파트의 전세가격이 주변 아파트들의 전세가격보다 높기 때문인 것으로 판단된다.

<표 4-19> 반포지역 상관관계 분석

구분	피어슨 상관계수		유의확률	
	2009	2010	2009	2010
	가격		가격	
단위가격(천 원/m^2)	1.00	1.00	−	−
면적(m^2)	−0.12	0.06	0.16	0.30
향	0.01	−0.22	0.47	0.03**
층	0.44	0.53	0.00**	0.00**
지하철거리(km)	−0.11	−0.38	0.17	0.00**
장기전세주택 유무	0.72	0.80	0.00**	0.00**
근거리	−	0.18	−	0.06
경과연수	−0.92	−0.85	0.00**	0.00**
장기전세주택 규모	0.58	0.78	0.00**	0.00**
단지규모	0.52	0.73	0.00**	0.00**
그룹	−	0.02	−	0.44
장기전세주택 거리	−	−0.85	−	0.00

(** p<0.05)

(3) 회귀분석

2009년 조사에서 반포지역의 다중회귀분석 모형의 설명력은 87.3%로 매우 높게 나타났다고 할 수 있는데, 2010년에 있어서는 92%로 더욱 높게 나타났다. 또한 설명력은 높아졌으나 추정값의 표준오차는 커진 것으로 나타나 가격과 관련된 변수들의 편차가 커진 것을 알 수 있다. 또한 모형의 자기 상관관계도 크지 않다는 것을 알 수 있다.

〈표 4-20〉 반포지역 모형 요약

연도	R	R^2	수정된 R^2	추정값의 표준오차	Durbin-Watson
2009	0.93	0.87	0.86	271.62	2.36
2010	0.96	0.92	0.91	338.47	1.92

2009년 조사 시 반포지역의 경우 95% 신뢰구간에서 아파트의 경과연수만이 전세가격에 영향을 미친다고 볼 수 있었으나, 본 조사에서는 향과 층, 단지규모 등이 95% 유의수준에서 유의한 영향을 미치고 있다고 볼 수 있으며, 90% 유의수준에서 면적도 영향을 미치는 요소로 볼 수 있다. 표준화 계수를 살펴보면, 단지의 규모에 따라 가격이 많은 영향을 받고 있는 것으로 나타났으며, 입주연도에도 많은 영향을 받는 것을 알 수 있다. 또한 통계적으로 유의함을 나타내지는 못했지만 장기전세주택의 규모가 커지면 단위면적당 가격은 낮아지는 것으로 나타났다.

〈표 4-21〉 반포지역 회귀분석 결과

구분	비표준화 계수		표준화 계수	t	유의확률
	B	표준오차	베타		
(상수)	3,223.82	483.15		6.67	0.00
면적	7.24	3.87	0.10	1.87	0.07*
향	-190.96	85.05	-0.09	-2.25	0.03**
층	18.12	8.50	0.10	2.13	0.04**
지하철거리	-199.34	361.38	-0.08	-0.55	0.58
장기전세주택 유무	768.46	1,676.28	0.35	0.46	0.65
근거리	-333.81	1,451.67	-0.14	-0.23	0.82
경과연수	-97.82	47.46	-1.09	-2.06	0.04**
단지규모	0.30	0.09	0.35	3.38	0.00**
그룹	-76.69	111.57	-0.03	-0.69	0.49
장기전세주택 거리	1,596.65	624.37	0.75	2.56	0.01**

(* p<0.1, ** p<0.05)

3) 장지지역

　송파구 장지동에 위치한 장지택지개발지구(이하 장지지구)는 2002년 택지개발 예정지구 지정 이후부터 총 13개 단지 5,639가구가 공급되는 대규모 단지이다.

　장기전세주택은 총 856호가 공급되었으며, 국민임대주택은 1,964호가 공급되는 지역으로 2007년부터 입주가 시작되었다. 전세가격은 59m2 기준 1억 원 남짓, 84m2의 경우 1억 3천여만 원으로 책정되었다. 자세한 공급현황은 <표 4-22>와 같다.

〈표 4-22〉 장지지역 장기전세주택 공급현황

구분	전체		일반/조합원분양		장기전세주택		국민임대	
	규모(m^2)	호수	규모(m^2)	호수	규모(m^2)	호수	규모(m^2)	호수
1~13단지	49~84	5,639	59,84	2,819	59,84	856	49,59	1,964
계		5,639		2,819		856		1,964

자료: SH공사 내부자료

(1) 기술통계량

　2009년 장지지역을 대상으로 75개의 표본을 선정하여 기술 분석한 결과 평균 전세가격은 ㎡당 2,134천 원 수준이었으나 2010년 장지지역의 평균 단위면적당 가격은 2,419천 원/㎡으로 많이 상승한 것으로 나타났다. 그 밖에 향이나 층 등에 있어서는 큰 차이를 나타내고 있지 않으며 장기전세주택이 있는 단지와 그렇지 않은 단지의 샘플은 같은 것으로 나타났다. 단지규모도 400세대 이상인 것으로 나타나 2009년과 2010년에 큰 차이를 보이고 있지 않았다. 장지지역의 기술통계량과 관련된 자세한 내용은 〈표 4-23〉과 같다.

〈표 4-23〉 장지지역 기술통계량

구분	평균		표준편차		N
	2009년	2010년	2009년	2010년	
단위가격(천 원/m^2)	2,134.25	2,419.94	206.45	321.29	75.00
면적(m^2)	97.15	100.09	13.49	13.10	75.00
향	0.44	0.59	0.50	0.50	75.00
층	8.85	9.32	4.42	4.73	75.00
지하철거리(km)	0.44	0.46	0.16	0.19	75.00
장기전세주택 유무	0.47	0.47	0.50	0.50	75.00
근거리	–	0.67	–	0.47	75.00
경과연수	5.12	4.79	4.76	4.46	75.00
장기전세주택 규모	66.72	66.63	75.63	75.50	75.00
단지규모	433.03	473.09	186.77	169.42	75.00
그룹	–	1.27	–	0.45	75.00
장기전세주택 거리	–	0.23	–	0.30	75.00

(2) 상관관계 분석

상관관계 분석 결과, 95% 수준에서 2009년에는 공급면적, 향, 경과연수, 장기전세주택 유무 및 공급규모 등 독립변수, 2010년에는 층을 제외한 모든 변수들이 전세가격과 유의한 상관관계가 있는 것으로 나타났다. 이 중 면적과 향, 층, 지하철역까지의 거리, 경과연수, 장기전세주택까지의 거리가 부의 상관관계를 갖는 것으로 나타났다. 이는 지하철역까지의 거리가 멀어지거나, 장기전세주택과의 거리가 멀어질수록 가격은 낮아지는 것으로 나타났다. 이는 장지지역의 경우 주변아파트에 비해 장기전세주택이 포함된 단지가 더욱 선호되고 있다고 볼 수 있다. 자세한 내용은 <표 4-24>와 같다.

<표 4-24> 장지지역 상관관계 분석

구분	피어슨 상관계수		유의확률	
	2009	2010	2009	2010
	가격		가격	
단위가격(천 원/m^2)	1.00	1.00	−	−
면적(m^2)	−0.33	−0.75	0.00**	0.00**
향	0.34	−0.24	0.00**	0.02**
층	0.06	−0.11	0.29	0.18
지하철거리(km)	0.13	−0.37	0.12	0.00**
장기전세주택 유무	0.41	0.66	0.00**	0.00**
근거리	−	0.31	−	0.00**
경과연수	−0.59	−0.65	0.00**	0.00**
장기전세주택 규모	0.34	0.63	0.00**	0.00**
단지규모	0.12	0.57	0.16	0.00**
그룹	−	0.24	−	0.02**
장기전세주택 거리	−	−0.55	−	0.00**

(** $p < 0.05$)

(3) 회귀분석

2009년의 분석에 있어서 모형의 설명력은 67% 정도였으나, 본 연구에 있어서는 92%로 높은 설명력을 나타냈으며 표준오차도 작아진 것으로 나타났다. 또한 음과 양의 자기 상관도 문제가 없는 것을 알 수 있다.

<표 4-25> 장지지역 모형 요약

연도	R	R^2	수정된 R^2	추정값의 표준오차	Durbin − Watson
2009	0.82	0.67	0.63	126.32	1.85
2010	0.96	0.92	0.91	96.73	1.90

　헤도닉 모형을 활용한 장지지역의 전세가격과 각각의 특성들과의 다중회귀분석 결과를 살펴보면, 장지지역의 경우 95% 유의수준에서 면적, 지하철까지의 거리, 입주연도, 단지규모, 장기전세주택과의 거리 등이 유의한 영향을 미치는 것으로 나타났다. 또한 90% 유의수준에서 장기전세주택의 규모도 유의한 영향을 미치는 것으로 나타났다. 특이한 점은 장기전세주택의 공급규모가 커질수록 전세가격은 낮아진다는 것을 알 수 있으며, 지하철과의 거리가 멀어질수록, 면적이 클수록 단위면적당 가격은 낮아진다는 것을 알 수 있다. 장지지역의 경우 다수의 임대주택이 공급된 지역이어서 임대주택에 의한 효과와 장기전세주택의 효과가 혼합되어 나타났을 것으로 판단된다.

〈표 4-26〉 장지지역 회귀분석 결과

구분	비표준화 계수		표준화 계수	t	유의확률
	B	표준오차	베타		
(상수)	3,496.95	237.60		14.72	0.00
면적	-11.15	1.68	-0.45	-6.65	0.00**
향	-18.98	28.11	-0.03	-0.68	0.50
층	3.49	2.64	0.05	1.32	0.19
지하철거리	-261.52	95.26	-0.15	-2.75	0.01**
장기전세주택 유무	549.96	197.75	0.86	2.78	0.01**
근거리	-196.91	105.98	-0.29	-1.86	0.07*
경과연수	-44.76	4.53	-0.62	-9.87	0.00**
장기전세주택 규모	-1.06	0.69	-0.25	-1.53	0.13
단지규모	0.44	0.13	0.23	3.25	0.00**
그룹	-41.65	30.29	-0.06	-1.37	0.17
장기전세주택 거리	630.10	215.53	0.58	2.92	0.00**

(* p<0.1, ** p<0.05)

4) 발산지역

서울특별시 강서구 내외발산동 일원에 위치한 발산택지개발지구는 2003년 택지개발계획이 승인되었으며 총 5,592세대가 입주하고 이 중 장기전세주택은 832세대가 지금까지 공급되었다. 발산지역도 장지지역과 마찬가지로 택지개발사업으로 진행되었으며, 국민임대주택의 공급호수가 장기전세주택의 2배를 넘고 있다. 장기전세주택은 일반분양분과 마찬가지인 $59m^2$, $84m^2$의 두 가지 유형으로 공급되었으며, 국민임대주택은 $39m^2$, $59m^2$의 두 유형으로 나누어 공급하였다.

〈표 4-27〉 발산지역 장기전세주택 공급현황

구분	전체		일반/조합원분양		장기전세주택		국민임대	
	규모(m^2)	호수	규모(m^2)	호수	규모(m^2)	호수	규모(m^2)	호수
1~8단지	39~84	5,592	59,84	2,787	59,84	832	39,59	1,973
계		5,592		2,787		832		1,973

(1) 기술통계량

2009년 발산지역의 평균 전세가격은 ㎡당 1,776천 원 수준이었으나 2010년 조사에서는 단위면적당 1,943천 원으로 약 12% 정도 상승한 것으로 나타났다. 공급면적이나 향, 층에 있어서는 조사에서 큰 차이를 나타내고 있지 않지만 2009년에 비해 장기전세주택이 포함된 단지를 샘플에 더 많이 반영했다고 볼 수 있다. 장기전세주택이 포함된 단지를 많이 조사함으로써 경과연수가 줄어드는 결과를 초래했다고 볼 수 있으며, 지하철까지의 거리나 단지규모는 큰 차이를 나타내고 있지 않다. 이에 대한 자세한 내용은 아래 〈표 4-28〉과 같다.

<표 4-28> 발산지역 기술통계량

구분	평균		표준편차		N
	2009년	2010년	2009년	2010년	
단위가격(천 원/m^2)	1,776.41	1,943.41	327.93	276.41	75.00
면적(m^2)	92.17	97.55	18.92	18.18	75.00
향	0.45	0.53	0.50	0.50	75.00
층	8.63	8.21	4.08	3.98	75.00
지하철거리(km)	0.87	0.84	0.85	0.31	75.00
장기전세주택 유무	0.23	0.39	0.42	0.49	75.00
근거리	−	0.84	−	0.37	75.00
경과연수	5.28	3.97	5.17	3.59	75.00
장기전세주택 규모	61.61	106.97	114.69	135.78	75.00
단지규모	1,083.45	847.76	735.60	668.40	75.00
그룹	−	1.17	−	0.38	75.00
장기전세주택 거리	−	0.40	−	0.44	75.00

(2) 상관관계 분석

발산지역에 대한 상관관계 분석 결과, 전세가격과 상관관계가 있다고 볼 수 있는 독립변수는 95% 수준에서 2009년에는 지하철 역까지의 거리, 전체 단지규모 및 경과연수, 장기전세주택의 유무, 장기전세주택의 공급규모 등으로 나타났으며, 본 연구에서는 경과 연수와 층을 제외한 모든 변수가 상관관계가 있는 것으로 나타났 다. 지하철역과의 거리는 부의 상관관계를 나타냈으며, 경과연수는 예전 조사와는 다르게 부의 관계를 갖는 것으로 나타났다. 발산지역의 경우 주변 아파트 단지와 택지지구 내 아파트 단지가 산재해 있는 양상을 보여 경과연수에 따른 가격 차이가 유의미하게 나타 난 것으로 보인다.

<표 4-29> 발산지역 상관관계 분석

구분	피어슨 상관계수		유의확률	
	2009	2010	2009	2010
	가격		가격	
단위가격(천 원/m^2)	1.00	1.00	.	.
면적(m^2)	− 0.06	− 0.38	0.32	0.00**
향	0.05	− 0.20	0.33	0.04**
층	0.02	− 0.01	0.44	0.48
지하철거리(km)	− 0.44	− 0.61	0.00**	0.00**
장기전세주택 유무	− 0.33	− 0.26	0.00**	0.01**
근거리	−	− 0.70	−	0.00**
경과연수	− 0.25	0.18	0.01**	0.06
장기전세주택 규모	− 0.34	− 0.25	0.00**	0.01**
단지규모	0.78	0.69	0.00**	0.00**
그룹	−	− 0.02	−	0.44
장기전세주택 거리	−	0.47	−	0.00**

(** p<0.05)

(3) 회귀분석

다중회귀분석을 통한 발산지역의 설명력은 2009년의 83%에서 73%로 조금 낮아지긴 하였지만 여전히 높은 모델 설명력을 가지 고 있다고 할 수 있다. 모형의 자기 상관은 문제가 없는 것으로 나타났다.

〈표 4-30〉 발산지역 모형 요약

연도	R	R^2	수정된 R^2	추정값의 표준오차	Durbin - Watson
2009	0.91	0.83	0.80	145.13	1.85
2010	0.85	0.73	0.68	156.59	2.07

　발산지역 회귀분석 결과를 살펴보면 면적, 장기전세주택과의 500m 이내 위치 여부, 입주연도, 단지규모 등이 95% 유의수준에서 의미가 있음을 알 수 있다. 이 중 면적과 거리, 입주연도, 단지규모 등 통계적으로 유의한 요소들은 모두 부(-)의 효과를 나타내고 있었다. 표준화 베타계수를 통한 영향력을 분석해 보았을 때 장기전세주택이 있는 신규 대규모 주택단지의 가격이 높다는 것을 알 수 있으며, 경과연수가 오래될수록 전세가격은 하락한다는 것을 알 수 있다.

〈표 4-31〉 발산지역 회귀분석 결과

구분	비표준화 계수		표준화 계수	t	유의확률
	B	표준오차	베타		
(상수)	4,009.24	369.95		10.84	0.00
면적	-10.33	1.58	-0.68	-6.53	0.00**
향	3.13	43.76	0.01	0.07	0.94
층	3.30	5.41	0.05	0.61	0.54
지하철거리	-98.25	147.46	-0.11	-0.67	0.51
장기전세주택 유무	1,160.68	1,016.56	2.06	1.14	0.26
근거리	-944.79	243.96	-1.26	-3.87	0.00**
경과연수	-48.46	20.38	-0.63	-2.38	0.02**
장기전세주택 규모	-3.46	3.56	-1.70	-0.97	0.33
단지규모	-0.33	0.16	-0.80	-2.08	0.04**
그룹	26.57	55.50	0.04	0.48	0.63
장기전세주택 거리	385.96	287.41	0.61	1.34	0.18

(* p<0.1, ** p<0.05)

5) 장기전세주택 공급지 전역에 미치는 영향에 관한 분석

개별적인 지역분석에 이어 강일지역을 포함한 총 375개의 표본을 대상으로 장기전세주택이 공급된 전역에 미치는 영향을 분석하였다. 강일지역의 경우 주변 단지가 발달되어 있지 않고, 전세 시세 차이가 재건축 예정단지와 많은 차이를 보여 개별분석에서는 제외하였다.

(1) 기술통계량

장기전세주택의 공급이 장기전세주택 공급지 전역에 걸친 전세가격에 미치는 영향을 분석하기 위한 375개 표본의 기술통계량을 살펴보면 단위면적(m^2)당 전세가격은 평균 2,376천 원으로 나타나 2009년 조사의 2,021천 원에 비해 약 17% 정도 상승한 것으로 나타났다. 표본의 평균면적은 계약면적으로 약 $103m^2$으로 나타나 국민주택 규모 정도인 것으로 나타났다. 향은 0.43으로 남향과 그렇지 않은 향이 6 대 4 정도로 샘플링된 것을 알 수 있으며, 지하철까지의 거리는 $0.74km$로 대부분 역세권 지역의 아파트임을 알 수 있다. 단지규모는 최대 4,965세대의 대단지에서부터 98세대로 구성된 소규모 단지까지 단지별 차이가 큰 것을 알 수 있으며 경과연수도 2009년 입주한 아파트에서부터 31년이 경과된 아파트까지 표본에 포함되어 있다.

장기전세주택은 평균 100세대 정도가 단지 내에 포함된 것으로 나타났으며, 인터넷과 전화조사의 결과를 나타내는 그룹도 1.33으로 나타나 인터넷 조사결과가 약간 많은 수치임을 알 수 있다.

〈표 4-32〉 장기전세주택 공급지 전역의 기술통계량

구분	평균	표준편차	N
단위가격	2,376.41	1,058.06	375.00
면적	103.20	18.83	375.00
향	0.43	0.50	375.00
층	8.69	4.76	375.00
지하철거리	0.74	0.45	375.00
장기전세주택 유무	0.47	0.50	375.00
근거리	0.68	0.47	375.00
입주연도	5.86	8.53	375.00
장기전세주택 규모	100.31	157.55	375.00
단지규모	828.38	818.41	375.00
그룹	1.33	0.47	375.00
장기전세주택 거리	0.41	0.56	375.00

(2) 상관관계 분석

상관관계 분석 결과 95% 유의수준에서 아파트의 면적, 층, 지하철역까지의 거리, 장기전세주택의 유무, 장기전세주택의 근거리 입지여부, 장기전세주택까지의 거리, 단지규모 등 대부분의 요소들이 단위가격에 유의한 영향을 미치는 것으로 나타났다.

이 중 단위면적, 지하철까지의 거리, 입주연도, 장기전세주택과의 거리는 부의 영향을 미치는 요소로 나타났다. 이를 해석하면 단위면적이 커질수록, 지하철까지의 거리가 멀수록, 입주연도가 오래될수록, 장기전세주택까지의 거리가 멀수록 단위면적당 가격과 부(-)의 상관관계를 가지고 있으며, 층, 근거리, 장기전세주택의 유무는 정(+)의 상관관계를 가진다고 해석할 수 있다.

〈표 4-33〉 장기전세주택 공급지 전역에 관한 상관관계 분석

피어슨 상관계수

구분	단위가격	면적	향	층	지하철거리	장기전세유무	근거리	입주연도	장기전세규모	단지규모	그룹	장기전세거리
단위가격	1.00											
면적	-0.22	1.00										
향	0.01	-0.13	1.00									
층	0.52	-0.04	-0.01	1.00								
지하철거리	-0.26	-0.04	-0.10	-0.10	1.00							
장기전세유무	0.24	0.02	-0.21	0.23	0.03	1.00						
근거리	0.11	-0.08	-0.11	0.15	0.10	0.64	1.00					
입주연도	-0.09	-0.28	0.18	-0.23	-0.16	-0.45	-0.20	1.00				
장기전세규모	0.33	0.13	-0.11	0.20	-0.28	0.68	0.44	-0.30	1.00			
단지규모	0.72	-0.16	-0.04	0.28	-0.30	0.22	0.07	-0.02	0.51	1.00		
그룹	-0.04	0.13	-0.14	0.00	0.14	-0.02	-0.09	-0.04	-0.08	-0.06	1.00	
장기전세거리	-0.26	-0.24	0.19	-0.33	-0.10	-0.68	-0.50	0.78	-0.47	-0.07	0.04	1.00

유의확률

구분	단위가격	면적	향	층	지하철거리	장기전세유무	근거리	입주연도	장기전세규모	단지규모	그룹	장기전세거리
단위가격	.											
면적	0.00**	.										
향	0.46	0.00**	.									
층	0.00**	0.22	0.45	.								
지하철거리	0.00**	0.21	0.03**	0.03**	.							
장기전세유무	0.00**	0.35	0.00**	0.00**	0.31	.						
근거리	0.02**	0.05*	0.02**	0.00**	0.03**	0.00**	.					
입주연도	0.04**	0.00**	0.00**	0.00**	0.00**	0.00**	0.00**	.				

장기전 세규모	0.00**	0.01**	0.02**	0.00**	0.00**	0.00**	0.00**	0.00**	.			
단지 규모	0.00**	0.00**	0.21	0.00**	0.00**	0.00**	0.09*	0.36	0.00**	.		
그룹	0.20	0.01**	0.00**	0.47	0.00**	0.34	0.04**	0.20	0.06*	0.11	.	
장기전 세 거리	0.00**	0.00**	0.00**	0.00**	0.03**	0.00**	0.00**	0.00**	0.00**	0.08	0.21	.

(* p<0.1, ** p<0.05)

(3) 회귀분석

375개의 표본으로 실시한 서울시 전반에 걸친 전세가격에 미치는 영향에 관한 연구에 있어서의 모형 설명력은 70% 정도로 나타나 2009년 연구결과인 55.4%보다 높게 나타났다.

〈표 4-34〉 모형 요약

모형	R	R^2	수정된 R^2	추정값의 표준오차
1	0.83	0.70	0.69	591.74

헤도닉 모형을 활용한 다중회귀분석 결과를 살펴보면 향과 장기전세주택의 유무를 제외한 모든 특성 변수들이 전세가격에 유의한 영향을 미치고 있었다. 본 연구의 주된 목적이 되는 장기전세주택의 공급규모와 단위면적당 가격의 영향에 있어서 장기전세주택의 공급규모와 단위면적당 가격은 부(-)의 관계를 나타내고 있는 것으로 분석되었다. 이는 장기전세주택의 공급이 늘어나면 단위면적당 가격이 하락하는 것으로 나타나 지속적인 장기전세주택의 공급은 주변의 전세가격을 낮출 수 있을 것으로 보인다.

그 밖의 요소들은 면적이 넓어질수록 단위면적당 가격은 낮아지는 것으로 나타났으며 층은 높을수록 가격이 높아지는 것으로 나타났다. 또한 지하철역까지의 거리는 멀수록 단위면적당 가격이 낮아지는 것으로 나타나 역세권 아파트가 비역세권 아파트에 비해 가격이 높다는 것을 알 수 있다. 또한 장기전세주택의 유무는 통계적으로 유의하지는 않지만 장기전세주택이 있는 단지의 가격이 낮다는 것을 알 수 있으며 단지규모가 클수록 단위면적당 가격이 높게 형성된다는 것을 알 수 있다.

〈표 4-35〉 장기전세주택 공급지 전역에 관한 회귀분석

구분	비표준화 계수		표준화 계수	t	유의확률	B에 대한 95% 신뢰구간	
	B	표준오차	베타			하한값	상한값
(상수)	2,433.96	276.19		8.81	0.00	1,890.82	2,977.10
면적	−7.79	1.89	−0.14	−4.13	0.00**	−11.50	−4.08
향	74.54	64.81	0.03	1.15	0.25	−52.91	201.98
층	57.93	7.19	0.26	8.06	0.00**	43.80	72.06
지하철거리	−241.69	78.31	−0.10	−3.09	0.00**	−395.69	−87.68
장기전세주택유무	−1.06	115.70	0.00	−0.01	0.99	−228.59	226.46
근거리	−188.43	93.46	−0.08	−2.02	0.04**	−372.23	−4.63
경과연수	26.09	6.20	0.21	4.20	0.00**	13.88	38.29
장기전세주택규모	−1.20	0.34	−0.18	−3.52	0.00**	−1.87	−0.53
단지규모	0.86	0.05	0.66	17.50	0.00**	0.76	0.95
그룹	99.47	67.78	0.04	1.47	0.14	−33.82	232.76

(* p〈0.1, ** p〈0.05)

3. 공급물량에 의한 전세가격 하락의 효과 분석

1) 분석의 필요성

장기전세주택의 숨은 목표가 주변 전세가격의 하락 혹은 안정을 추구하기 위한 데 있는 만큼, 어느 정도 물량을 공급했을 때 이 목표를 달성할 수 있을 것인지를 분석할 필요가 있다. 이 결과에 따라 전체 공급량에 대한 추산도 가능하고 공급계획도 세울 수 있기 때문이다.

2) 추세선 분석을 통한 가격영향 분석

375개 샘플의 평균 단위면적당 가격은 2,376천 원/m^2으로 추세선의 설명력을 높이기 위하여 4,000천 원/m^2 이상의 표본을 제외한 330개의 표본을 가지고 추세선을 작성하였다. 추세선 분석 결과 설명력은 다항형 모델이 가장 높게 나타났으나 통계적으로 높은 설명력을 나타낸다고 볼 수는 없다.

〈표 4-36〉 추세선 분석

	선형 모델	$Y = -0.475x + 2,075.412$
		$R^2 = 0.016$
	다항형 모델	$Y = -0.001x^2 - 0.066x + 2,063.017$
		$R^2 = 0.019$

2009년의 분석 결과에 의하면 단위당 전세가격은 장기전세주택이 한 단위도 공급되지 않았을 경우에는 단위면적(m^2)당 2,062천 원으로 나타나지만 장기전세주택의 공급이 늘어날 때마다 $-0.221\times$(장기전세주택의 공급단위)의 비율로 가격이 하락하게 되는 것으로 나타났으나 본 연구에서는 선형모델의 경우 2,075.4의 기본가격에서 $-0.475\times$(장기전세주택의 공급단위)의 비율로 가격하락이 이루어지는 것으로 나타났으며, 다항형 모델의 경우 2,603.0의 기본가격에서 $-0.001\times$(장기전세주택의 공급단위)$^2 - 0.066\times$(장기전세주택의 공급단위)의 비율로 가격하락이 이루어지는 것으로 나타났다. 예컨대 100호의 장기전세주택이 공급되면 사례지역에 있어서 단위면적(m^2)당 가격은 약 47.5천 원(2.3%) 하락하게 된다는 계산이 되지만 설명력이 매우 낮아 채택하기 힘들다.

2) 회귀분석을 통한 가격영향 분석

극단적인 값으로 분류된 표본을 제외한 단순선형회귀분석에 의하면 아래 〈표 4-37〉과 같은 결과를 얻는다.

〈표 4-37〉 선형회귀분석 결과

구 분	비표준화 계수		표준화 계수	t	유의확률	R	R^2
	B	표준오차	베타				
(상수)	2,075.41	32.37		64.11	0.00	0.127	0.016
장기전세 공급호수	-0.475	0.020	-0.127	-2.33	0.021		

이의 결과를 통해 추정된 표준화 계수를 사용한 전세가격 하락률은 아래 〈표 4-38〉과 같다. 사례지역 전반[6]에 걸쳐 단위면적당 가격을 10% 낮추기 위해서는 약 400여 호 정도가 공급되어야 하는 것으로 분석되었다. 하지만 이 모형은 선형 모형으로 극단적인 추정치를 가질 수 있으나 설명력은 낮은 것으로 나타났다.

<표 4-38> 선형회귀분석을 활용한 전세가격 하락률

장기전세주택 공급 수	0	100	200	300	400
가격변화	2,075.41	2,027.91	1,980.41	1,932.91	1,885.41
기준대비비율		97.7%	95.4%	93.1%	90.8%

모형의 설명력을 높이기 위하여 종속변수에 자연로그를 취하여 Semi-log 모형을 선택하였다. 이를 통한 모형의 설명력은 일반선형회귀분석의 설명력과 비슷하다고 볼 수 있다. 이 모형에 의한 회귀분석 결과는 아래 〈표 4-39〉와 같다.

<표 4-39> Semi-log 모형을 활용한 회귀분석 결과

구분	비표준화 계수		표준화 계수	t	유의확률	R	R^2
	B	표준오차	베타				
(상수)	7.608	0.015		514.715	0.00	0.125	0.016
장기전세 공급호수	0.000	0.000	-0.125	-2.291	0.02		

Semi-log 모형은 단위 변화에 따른 가격의 %변화에 유용하게

---

6) 사례지역 전반(은평, 반포, 장지, 발산, 강일)의 총 주택 모수는 52,788호임. <표 4-41> 참조.

사용된다. Semi－log 모형을 활용하여 공급호수 대비 가격하락 효과를 산정해 본 결과 약 3,500호 정도를 사례지역에 공급하면 단위면적당 전세가격이 10% 정도 낮아지는 것으로 나타났으나 설명력은 낮은 것으로 나타났다.

<표 4-40> Semi－log 모형을 활용한 전세가격 추정 하락률

장기전세주택 공급 수	0	100	1,000	2,000	3,000	4,000	5,000
가격변화	7.61	7.59	7.39	7.18	6.97	6.75	6.54
기준대비비율	100%	99.7%	97.2%	94.4%	91.6%	88.8%	86.0%

모형을 종합적으로 살펴보면 낮은 결정계수로 인해 현상에 대한 설명력이 높다고 말할 수는 없지만 통계적으로 모델이 유의함은 유의확률을 통해서 알 수 있다. 선형 모형의 경우 극단적인 추정치를 제시함으로 Semi－log 모델을 통한 가격하락률 분석을 활용하여 서울시 전역에 미치는 효과를 검증할 것이다.

3) 장기전세주택 공급을 통한 서울시 전세가격의 영향

2005년 인구주택총조사 자료에 의한 서울시 주택재고는 약 232만 호이며 주택유형은 아파트가 52.69%, 단독주택이 19.63%로 주택 이외의 거처로 분류되고 있는 오피스텔 등까지 포함하면 약 239만 호에 이른다. 서울시의 아파트 재고 수는 140만 7,114호[7]이며, 본 연구에 포함된 대상지 주택의 총수는 아래 <표 4-41>과 같다.

---

7) 서울특별시, http://stat.seoul.go.kr

서울시 공급호수 대비 사례지역의 전체 공급호수는 약 4.33%를 나타내고 있다.

<표 4-41> 사례지역 공급호수 및 비율

구분	아파트	전체 공급호수	장기전세주택 공급호수	비율
은평	은평지구	16,172	1,008	6.2%
반포	반포자이	3,410	419	12.3%
	래미안 퍼스티지	2,448	266	10.9%
	두산위브트레지움	98	0	0.0%
	동아	991	0	0.0%
	롯데캐슬클래식	990	0	0.0%
	반포우성	408	0	0.0%
	반포경남	1,056	0	0.0%
장지	장지지구	5,639	856	15.2%
	문정건영	545	0	0.0%
	문정대우1차	233	0	0.0%
발산	발산지구	5,592	832	14.9%
	우장산힐스테이트	2,198	0	0.0%
	우장산아이파크	2,518	0	0.0%
	화곡푸르지오	2,176	0	0.0%
	등촌주공3단지	1,016	0	0.0%
강일	강일지구	6,418	1,764	27.5%
	고덕주공6	880	0	0.0%
합계		52,788	5,145	

자료: SH공사 및 닥터아파트 홈페이지 내용 재구성

아파트 가격과 주택가격의 변동 추이를 살펴보면 아파트의 공급이 일반 주택의 가격에 어떠한 영향을 미치고 있다는 것을 통계적으로 확인할 수는 없지만 상승과 하락을 같은 유형으로 반복하고 있는 것을 알 수 있다. 하지만 장기전세주택의 공급대상이 아파트이므로 가격효과를 가져오기 위한 대상주택을 서울시 전역의 아파트로 한정하여 계산하였다.

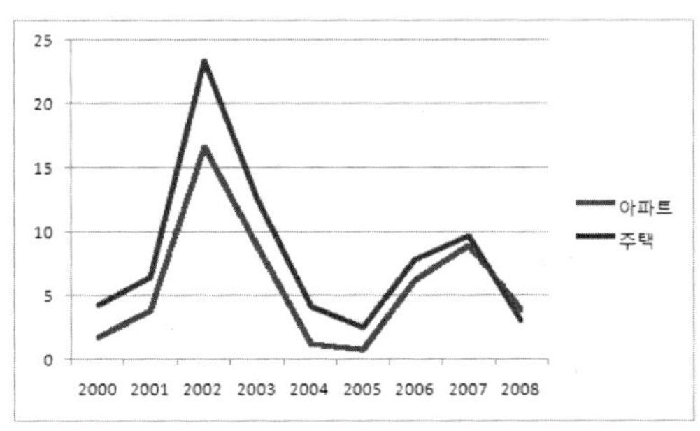

〈그림 5-1〉 아파트와 주택의 가격변동 추이(2000~2008)

장기전세주택의 공급을 통한 서울시 전역에 미치는 효과를 계산하기 위해 각각의 계산방식 중 극단적인 값을 제외한 방식을 활용하여 전세가격의 안정을 위한 서울시 전역에 필요한 공급호수를 산정하였다.

〈표 4-42〉 장기전세주택 공급과 가격변동률

주변지역 가격변동률		- 5%	- 10%	- 15%	- 20%
장기전세주택 공급호수	선형회귀	200	400	800	1,200
	Semi - log	1,750	3,500	5,250	7,000
	평균	975	1,950	3,025	4,100

단지 내 전체 공급호수인 5만 2,788호를 기준으로 하였을 때의 전체 물량 대비 가격변동률과 관련된 지역 내의 장기전세주택 공급호수의 비율은 아래 〈표 4-43〉과 같다.

〈표 4-43〉 극단치를 제외한 공급호수 대비 장기전세주택 비율

주변지역 가격변동률		−5%	−10%	−15%	−20%
장기전세주택 공급호수	선형회귀(호)	200	400	800	1,200
	전체물량대비 비율	0.38%	0.76%	1.52%	2.27%
	Semi−log(호)	1,750	3,500	5,250	7,000
	전체물량대비 비율	3.32%	6.63%	9.95%	13.26%
	평균값(호)	975	1,950	3,025	4,100
	전체물량대비 비율	1.85%	3.69%	5.73%	7.77%

2009년의 경우 추정식에 따라서 최소 1.97%에서 최대 9.66%의 장기전세주택 공급이 이뤄져야 해당 지역의 전세가격을 약 10% 정도 하락시킬 수 있는 것으로 나타났다. 하지만 본 연구에서는 최소 0.76%에서 최대 6.63% 정도의 공급이 이루어지면 전세가격의 10% 정도 하락을 가져올 수 있는 것으로 나타났다(표 4-44 참조).

이와 같은 차이가 같은 지역에 존재하는 것은 2009년 이후 지속된 전세가격의 상승이 큰 영향을 미친 것으로 보이지만 통계적으로 가격이 상승하였다는 수치적 제시 이외의 상관관계를 밝히지는 않았다. 이러한 전세가격 상승기에 같은 가격효과를 내기 위한 전체 물량대비 장기전세주택의 비율이 낮아졌다는 것은 가격상승기에 더 큰 효과를 나타내고 있다는 것으로 해석할 수도 있을 것으로 보인다.

<표 4-44> 10% 전세가 하락을 위한 장기전세주택 공급비율 및 물량

구분		전체 물량 대비 비율	물량(공급물량)
서울시 아파트 주택 재고량		100%	1,407,114호
장기전세주택 공급호수 (전세가)	선형회귀	0.76%	10,694호
	Semi-log	6.63%	93,291호
	평균값	3.69%	51,922호

선형회귀식에 의한 극단적인 수치를 제외하면 약 5만 2,000호~9만 3,000호 정도의 장기전세주택이 서울시 전역에 공급되면 약 10%의 전세가격 하락을 나타낼 수 있는 것으로 나타났다. 2009년 연구에서는 2만 3,000호~11만 2,000호 정도를 공급해야 한다는 결과와 다소 차이가 나지만 장기전세주택의 공급이 서울지역의 전세가격 안정화에 기여할 수 있다는 점은 공통적이라고 볼 수 있다.

향후 서울시가 임대주택 10만 호 건설계획을 발표하고 있어서, 장기전세주택을 포함한 임대주택의 추가적인 공급이 10만 호 정도 이루어진다면 약 10% 정도의 전세가격 하락을 나타낼 수 있을 것으로 보인다.

4) 서울시 전세가격에 영향을 미치는 장기전세주택 공급물량에 대한 전문가 의견

(1) 추정 공급물량에 대한 전문가 설문결과

장기전세주택이 주택에 대한 인식전환에 영향을 미칠 수 있는 물량과 관련하여 아파트 재고량의 10% 정도에 도달하면 가격안정

효과가 있을 것이라는 2009년 연구결과에 대해 55% 정도의 전문가는 그럴 수 있다고 응답하였다. 또한, 보통으로 응답한 응답자는 32%, 반대한다는 의견은 13%로 대부분은 10% 정도 공급되면 가격안정의 효과를 줄 수 있을 것으로 생각하는 것으로 나타났다(〈표 4-45〉 참조).

이 의견에는 집단 간 차이가 있기도 했는데, 대체로 공무원이 공사 직원에 비해 긍정적인 것으로 나타났다. 공무원의 경우 기여하지 않는다는 응답은 전체의 6%에 불과했으나, 공사 직원들의 경우 20%가 효과가 없을 것이라고 응답하였다. 또한 공무원의 경우 14%에 달하는 응답자가 매우 효과적일 것이라고 응답한 반면, 공사 직원의 경우 6%만이 매우 효과적일 것이라고 응답해 분포상의 유의한 차이를 나타냈다.

〈표 4-45〉 장기전세주택이 아파트 재고량 증가에 의한 가격안정 효과

구분	빈도	퍼센트
아주 동의	10	10
동의	45	45
보통	32	32
부동의	13	13
아주 부동의	0	0
합계	100	100

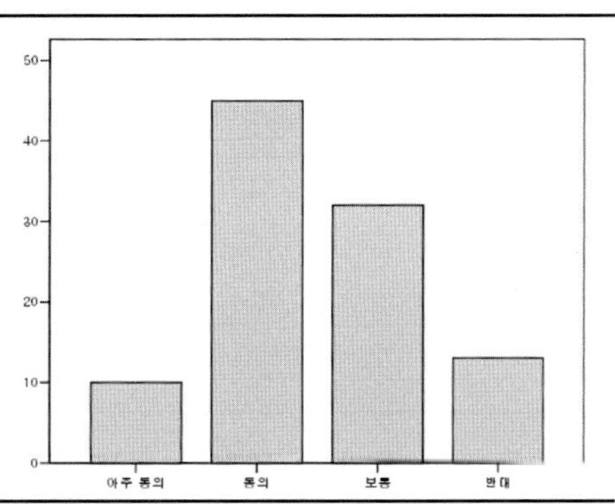

(2) 인식전환에 필요한 소요기간에 대한 전문가 설문결과

한편, 장기전세주택이 주택에 대한 개념변화에 영향을 미칠 수 있는 기간과 관련하여 현재 3년이 경과된 시점에서 어느 정도 기간이 경과하여야 기여할 것이냐는 질문에 대해 7~10년 정도의 기간을 선택한 응답자가 전체의 32%, 15년 이상의 기간이 필요할 것이라는 응답자가 25%로 많았다(〈표 4-46〉 참조).

'장기전세주택 공급계획'에 따르면 10만 호를 초과하는 것은 2018년 정도로 장기전세주택이 공급되기 시작한 2007년 이후 11년 정도가 경과하는 시점으로, 설문조사와 계량분석에 의한 시점은 대체로 일치하는 것으로 볼 수 있다.

〈표 4-46〉 장기전세주택 공급기간과 '소유'에서 '거주'로 인식변화

구분	빈도	퍼센트
3년~5년	3	3.0
5년~7년	18	18.2
7년~10년	32	32.3
10년~15년	21	21.2
15년 이상	25	25.3
합계	99	100
무응답	1	

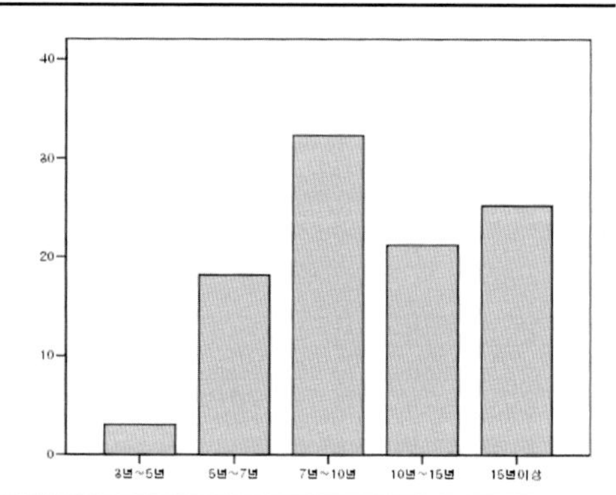

제 5 장

결

1. 장기전세주택이 주택에 대한 인식변화에 미치는 영향

　장기전세주택이 공급된 지 5년, 물량으로는 1만 호 남짓한 시점에서 당초 정책목표로 설정하였던 인식변화 정도를 설문조사를 통해 분석하였다. 정책목표가 다소 추상적인 만큼, 이것에 정확하게 접근하기 위하여 조사대상과 조사시기를 다변화하였고 이들 간에 비교분석도 실시하였다. 설문의 응답을 세부적으로 분석하기 위해 주택정책을 담당하는 공무원과 공사 직원들을 대상으로 설문문항의 수를 다양하게 늘려 다차원적인 분석을 시도하였다. 그 결과를 종합적으로 정리하면, 주택의 개념에 대한 인식은 아직 투자대상에 가까우나 거주수단으로의 이동이 시작된 것으로 판단된다.

　전문가 그룹을 대상으로 주택에 대한 인식이 투자대상과 거주수단 중 어디에 가까우냐는 질문에 투자대상을 1로, 거주수단을 5로 보았을 때 2.65로 투자대상에 더 가까웠다.

　장기전세주택이 공급된 이후, 주택에 대한 인식에 변화가 있는지에 대한 질문에는 장기전세주택 입주자의 경우, 주택이 투자대상에서 거주수단으로 바뀌었다고 답변한 비율이 50.9%로, 비입주자인 전문가 그룹(46.9%)보다 다소 높았다. 반면, 변화가 없다고 답한 사람은 전문가 그룹이 49.0%로 입주자 그룹(36.4%)보다 높았다.

　인식의 변화사유에 대한 질문에는 최근의 투자가치 하락과 장기전세주택의 공급이 주로 꼽혔는데, 입주자와 전문가 사이에 우선순위는 다르게 나타났다. 전문가들은 투자가치 하락이나 불투명 때문

(60.0%)을 높게 꼽았고, 입주자는 장기전세주택 공급 때문이라는 답변이 64.3%로 가장 높았다. 이것을 전체 응답자에 대한 비율로 환산하면, 입주자 중에서는 32.7%가, 전문가 집단에서는 16.0%가 장기전세주택의 영향으로 주택의 개념에 대한 인식이 거주수단으로 변화됐음을 알 수 있다.

장기전세주택의 영향력에 대해서도 앞으로 주택의 개념에 대한 인식전환에 기여할 것으로 생각하고 있으며, 물량이 늘어갈수록, 공급시점이 지속적으로 경과할수록 기여도가 높을 것이라고 응답하였다. 다만, 입주자들은 매우 크게 기여한다는 비율이 높았던 반면(32.3%~51.0%), 전문가 집단은 어느 정도 기여할 것이라는 답변이 높았다(57.0%). 그러나 전문가 집단의 경우도 앞으로 주택구매와 장기전세주택 입주 중 장기전세주택을 선택하겠다는 비율이 40%에 이르렀다. 또한 앞으로 공공이 지향해야 할 주택정책의 목표와 관련하여 '내집마련 촉진'보다는 '주택에 대한 인식전환'에 더 가깝게 인식(3.46)하고 있었으며 목표달성에 대한 전망도 긍정적인 의견이 높게 나타났다.

장기전세주택에 대한 선호도는 전문가의 경우, 40대와 50대, 여성, 중산층 정도의 소득과 석사 이상의 고학력자, 주택 없이 전세에 거주하는 사람들, 주택업무와 관련된 기간이 10년 이상인 직원들이 선호하는 것으로 분석되었다.

요약하면, 현재 주택에 대한 개념은 투자대상에 가깝지만, 장기전세주택의 영향으로 전문가 집단의 16.5%, 입주자 중 32.7% 정도가 주택의 개념에 대한 인식의 변화가 나타나고 있으며, 앞으로의 장기전세주택이 지속적으로 공급되면 인식전환에 기여할 것이라고 기대하고 있는 것으로 분석할 수 있다.

2. 장기전세주택이 주변 전세가격에 미치는 영향

주택에 대한 인식의 전환을 가져오는 데 있어, 투자가치의 변화가 큰 부분을 차지하는 것을 설문조사를 통해서도 확인하였다. 즉 주변 주택가격의 안정이나 상승세의 둔화 혹은 하락의 경우 투자 대상으로의 매력을 떨어뜨리는 효과에 기인하는 것이다. 이에 입각하여 장기전세주택이 입지한 주변지역의 전세가격을 헤도닉 모델을 활용한 회귀분석과 상관분석을 통하여 살펴보았다.

장기전세주택의 유무와 세대규모는 입지한 지역별로 수치상 차이는 다소 나타났으나, 전체적으로는 주변 가격에 부(-)의 영향을 주는 것으로 나타났다.

지역별로 살펴보면, 은평지구의 경우 장기전세주택의 규모가 95% 신뢰수준에서 영향이 있는 것으로 나타났고, 반포지구의 경우 장기전세주택과의 거리가 99% 신뢰수준에서 영향이 있는 것으로 나타났다. 장지지구의 경우 장기전세주택과의 거리 및 규모가, 발산지구의 경우 장기전세주택의 유무와 규모, 거리가 영향을 주는 것으로 나타났다.

공급된 지역의 샘플자료를 모두 모아 분석해 보면, 장기전세주택의 유무를 제외한 모든 특성 변수들이 전세가격에 유의한 영향을 미치고 있었고, 설명력은 70%로 매우 높았다. 본 연구의 주된 목적이 되는 장기전세주택의 공급규모와 단위면적당 가격의 영향에 있어서 장기전세주택의 공급규모와 단위면적당 가격은 부(-)의 관계를 나타내고 있는 것으로 분석되었다. 이는 장기전세주택의 공급이 늘어나면 단위면적당 가격이 하락하는 것으로 나타나 지속적인 장기전세주택의 공급은 전세가격을 낮출 수 있을 것으로 보인다.

2009년의 분석 결과에 의하면 단위당 전세가격은 장기전세주택의 공급이 늘어날 때마다 -0.221×(장기전세주택의 공급단위)의 비율로 가격이 하락하게 되는 것으로 나타났으나 본 연구에서는 선형 모형의 경우 2,075.4의 기본가격에서 -0.475×(장기전세주택의 공급단위)의 비율로 가격하락이 이루어지는 것으로 나타났으며, 다항형 모델의 경우 2,603.0의 기본가격에서 -0.001×(장기전세주택의 공급단위)2 -0.066×(장기전세주택의 공급단위)의 비율로 가격하락이 이루어지는 것으로 나타났다. 예컨대 100호의 장기전세주택이 공급되면 사례지역에 있어서 단위면적(m^2)당 가격은 약 47.5천 원(2.3%) 하락하게 된다는 계산이 되지만 설명력이 매우 낮아 채택하기 힘들다. 이에 따른 물량산출도 설명력은 떨어졌다.

향후 장기전세주택 공급을 통한 서울 전역의 전세가격 하락 혹은 안정 효과를 살펴본 결과 선형회귀식에 의한 극단적인 수치를 제외하면 약 5만 2,000호~9만 3,000호 정도의 장기전세주택이 서울시 전역에 공급되면 약 10%의 전세가격 하락을 나타낼 수 있는 것으로 나타났다. 2009년 연구에서는 2만 3,000호~11만 2,000호 정도를 공급해야 한다는 결과와 다소 차이가 나지만 장기전세주택의 공급이 서울지역의 전세가격 안정화에 기여할 수 있다는 점은 공통적이라고 볼 수 있다. 향후 서울시가 임대주택 10만 호 건설 계획을 발표하고 있어서, 장기전세주택을 포함한 임대주택의 추가적인 공급이 10만 호 정도가 이루어진다면 약 10% 정도의 전세가격 하락을 나타낼 수 있을 것으로 보인다.

한편, 이러한 조사결과(2009년)에 대해 전문가 그룹에게 설문조사를 한 결과, 55% 정도의 전문가는 그럴 수 있다고 응답하였다. 캠페인 혹은 정책의 지속성 기간과 관련해서는 32%의 전문가가 7~10년 정도, 25%는 15년 이상, 18.2%는 5~7년 정도의 기간이 필요할 것이라고 답하였다.

즉 설문조사와 계량분석에 의한 시점은 대체로 일치하는 것으로 볼 수 있는데, 장기전세주택 공급계획에 따라 10만 호 공급이 완성되는 2018년 정도가 되면, 서울 전역에 가격안정의 효과를 줄 수 있을 것으로 생각하는 것으로 나타났다.

3. 시사점

공공이 직접 주택을 공급하는 경우는 흔하지 않다. 통상 사회주의경제에서 주로 시작된 경향이고 유럽의 경우는 제2차 세계대전 이후로는 보편적 현상으로 있었으나, 계속 줄여 기는 추세를 보이고 있다. 또한 주택공급을 하더라도 저소득층에 대한 임대주택에 국한한 경우가 많다.

우리나라의 경우 조금 특수한 경우라 할 수 있다. 정부 수립 이후 계획경제체제에서 주택공급을 직접 수행하였고, 이후 분양주택으로까지 확대하여 운영 중에 있다. 민간과 공공이 분양주택 공급을 둘러싸고 경쟁하는 양상으로 나타나고 있다. 이런 도중에 고분양가 논란이 제기되었고, 합리적인 분양가 책정방식에 대한 논쟁으로 이어졌다.

즉 공공이 주택공급을 계속해야 하는가, 계속한다면 임대주택만 해야 하는가 아니면 재원마련을 위해 분양주택 공급이 불가피한가, 주택공급을 할 때 적절한 가격은 어느 수준에서 정하는 것이 바람직한가, 이런 질문들은 주택을 공급하는 공공의 결정 주체들에게 끊임없이 제기되는 문제들이다. 또한 이런 질문은 현재 보금자리주택 공급정책에서도 적정분양가, 분양주택과 임대주택의 비율, 임대주택 내 유형별 비중 등 여전히 계속되고 있는 고민이다.

이런 상황에서 이 연구는 몇 가지 시사점이 있다.

우선, 서울시의 경우 제한된 토지로 인해 공급을 수요만큼 적시에 공급할 수 없는 상황에서 공공이 취해야 할 주택정책으로 제시한 새로운 패러다임이 어느 정도 효과가 있음을 제시하고 있다. 즉 여전히 주택은 투자대상으로 인식하지만, 거주수단으로 바뀌고 있는 사람이 늘어남을 알 수 있고, 여기에 장기전세주택의 공급도 어느 정도 기여하고 있음을 확인하였다. 주택구매 대신 장기전세주택을 선택하겠다는 사람이 많고, 앞으로 지속적으로 공급하면 인식의 전환에 기여한다는 것을 학술적으로 검증했다고 할 수 있다.

두 번째는, 주택을 거주수단이라 인식하는 것과 주택구매 의향은 다를 수 있다는 것을 확인하였다는 점이다. 즉 장기전세주택의 입주자 중 인식이 달라졌다고 답한 사람이 60%가 넘지만, 주택구매 의향이 없다는 답변은 그에 미치지 못했다.

세 번째는, 가격 영향력에 있어 어느 정도 가능성을 확인하였다는 점이다. 2009년 연구결과가 있었지만, 2010년 전세가격이 대폭 상승한 시점에서도 장기전세주택은 전세가격의 상승세를 어느 정도 둔화시킬 수 있다는 측면이 있는 만큼, 앞으로 지속적으로 물량을 늘려 나가면 서울 전역에도 가격 안정성을 가져올 수 있는 수단이 될 수 있다는 점을 재확인했다고 할 수 있다.

무엇보다 중요한 것은 주택정책의 새로운 패러다임의 가능성 부분이다. 그동안 주택정책은 가격안정 혹은 저소득층의 주거안정이나 내집마련 촉진 등을 목표로 수요와 공급 측면에서 중점적으로 접근해 왔다. 정권에 따라 수요관리 혹은 공급 우선 사이에서 늘 정책의 우선순위를 따지며 소위 '냉탕과 온탕'을 오고 갔던 게 사실이다. 앞으로 이러한 기본적 정책 이외에 주택에 대한 인식전환이라는 다소 추상적이지만, 그러나 주택문제를 다른 차원에서 해결할 수 있는 정책적 수단의 가능성도 발견했다고 할 수 있다. 즉 주택공급이라는 건설적 접근, 수요관리 혹은 금융과 세제를 통한 경제학적 접근 이외에 임대주택에 대한 브랜드 도입과 대대적인 마케팅과 캠페인성 접근도 공익 측면에서 접근해 볼 수 있고, 중요한 과제 중 하나로 채택할 필요성도 확인하였다.

본 연구는 장기전세주택이라는 제도가 주택에 대한 인식의 패러다임을 전환하는 데 새로운 모티브를 제공하였고, '시프트'라는 브랜드 마케팅도 함께 기여할 수 있다는 점을 시사하고 있다.

4. 향후과제

주택은 인류가 탄생한 이래로 생존의 필수품으로 존재해 왔다. 초기 단순한 은신처의 개념에서 출발하여 가정의 기초단위가 되는 추상적인 기능으로 동일시되었고, 투자대상 혹은 투자수단으로까지 보편적으로 자리 잡아 왔다. 즉 주택에 대한 사람들의 인식은 그만큼 오래된 역사를 추적해야 하고, 개인과 시대, 지역마다 매우 다양한 개념으로 받아들여지고 있다. 이러한 것을 현재의 시점에서, 서울시의 상황을 기준으로 재단해 본다는 것은 그 출발선상에서 기본적으로 매우 어려운 연구주제임에 틀림없다. 특히, 주택에 대한 어떤 개념이 하나로 형상화되어 나타난다기보다는 복합적으로 나타나기 때문이다. 즉 1주택을 소유하고 그 주택에 거주하는 사람에게, 주택은 투자의 대상이자 주거의 수단으로 동시에 작용할 수 있기 때문이고, 또 실제로도 그런 현상은 보편적으로 나타나고 있다.

본 저서의 저술대상인 장기전세주택은 정책의 목표로 '주택에 대한 인식을 투자의 대상에서 거주의 수단'으로 전환하겠다는 것에 두었다. 일각에서는 실현 불가능한, 그러나 필요한 캠페인성 목표라는 지적도 있다. 이 책은 이러한 주장에 대해 학술적으로 검증하는 데서 출발하였다. 연구의 결과를 통해 이러한 주장이 캠페인성에 그치는지, 실현 가능한 목표인지를 어느 정도 가늠해 볼 수 있기 때문이다.

주택에 대한 인식이 바뀌었는지와 바뀌었으면 '얼마나, 어떻게'

라는 것을 학술적으로 측정하고 증명하는 방법을 찾는 것이 본 연구의 가장 큰 어려움이었고, 동시에 연구의 핵심이기도 하였다. 이를 위해 본 연구에서 사용된 연구방법은 설문조사였다. 입주자와 전문가를 대상으로 설문지를 통해 주택에 대한 인식변화를 측정하는 방법이었다. 하지만 아직 장기전세주택을 평가할 만큼 기간이 오래 경과되지 못했고, 저자의 역량부족과 선행연구의 미비, 연구방법의 정교함 부족으로 다음과 같은 과제를 지니고 있다.

앞으로 필요한 연구를 제안하자면 첫째, 장기전세주택의 지속적 공급방안에 대한 것이다. 장기전세주택을 도심 내 필요한 곳으로 더 확대하기 위해 매입공급을 더욱 늘려야 할 것으로 보인다. 그러나 매입주택의 경우, 재개발이나 재건축 등의 과정에서 발생하는 의무공급 물량을 제외하면 가격이 낮지 않은 것이 가장 큰 문제이다. 역세권에 공급하는 현 계획의 경우 아직 단 1호도 공급실적이 없고, 앞으로의 전망도 그리 높지 않은 상황이기 때문이다. 이와 관련하여 중앙정부가 주도적으로 공급하고 있는 보금자리주택에 분양주택을 계속 공급해야 하는지, 분양주택을 공급한다면 분양주택과 임대주택의 비율은 어떤 것이 효율적인지, 임대주택의 종류 중 분양전환분과 10년 임대주택, 30년 국민임대주택, 20년 장기전세주택을 각각 어떤 평형으로 어떻게 배분하는 것이 적절한지에 관한 연구가 연계되면 효과적일 것으로 판단된다.

두 번째는 장기전세주택의 재원마련에 관한 연구이다. 임대주택이 입지한 부지의 자산가치는 장부상 취득가격으로 설정돼 있는데, 현재 지가가 많이 상승했으나 자산재평가를 실시하지 않아 실제 상황보다 부채가 매우 높은 것으로 자료상에 나타나고 있다. 이것에 대한 정리나 연구가 어떻게 되느냐에 따라 추가적인 투자여력이 있는지와 임대주택 형태의 공급이 적절한가에 대한 의사결정이 이루어질 것이다. 또한 노후한 임대주택 단지의 재건축이나 장기전세주택의 매각을 통한 투자여력의 확보와 같은 방안도 마련할 필요가 있다.

세 번째는 주택정책의 홍보 또는 캠페인과 관련한 연구도 제안한다. 장기전세주택이 주택에 대한 인식을 전환하는 데 새로운 모티브를 제공하였고, 이에 따라 이런 캠페인이 본격적으로 필요하다고 본다면 이에 대한 효과나 구체적 방안에 대한 연구를 발전시킬 필요가 있다. 앞으로 주택정책 연구자와 홍보전문가의 합동연구나 학제 간 연구가 효과적일 것으로 판단된다.

네 번째는 장기전세주택이 주변의 주택가격에 영향을 준다는 연구에 기초했을 때, 어떤 지역에 얼마나 공급해야 하는지, 그 방법은 무엇인지에 대해 해답을 줄 수 있는 기술적 연구도 필요할 것으로 판단된다.

마지막으로, 주택에 대한 인식전환과 주택구매 의향을 세분화한 연구이다. 이 연구를 통해 주택을 거주수단이라 인식하는 것과 주택구매 의향은 다를 수 있다는 것을 확인한 만큼, 이 정책의 방향이 인식전환에만 있는지, 주택구매 의향을 낮추는 등 실행력과 연계도 포함해야 하는지에 관한 것이다. 주택구매 의향은 주택의 수요에도 영향을 미쳐 주택가격과도 관련이 있는 중요한 이슈가 될 수 있기 때문이다. 주택구매 의향 자체가 중요하지 않다고 판단할 수도 있고, 그것은 차후에 추구할 목표라고 판단할 수도 있으나 앞으로 이것에 대해 좀 더 자세한 연구는 필요하다 하겠다.

본 저서가 주택공급유형의 하나로서 장기전세주택에 대한 평가와 이를 토대로 공공이 적합한 주택공급정책을 연구하는 데 하나의 씨앗이 되었으면 한다. 이를 통해 장기전세주택이 더 공급되고 시간이 더 경과한 이후 좀 더 발전적인 연구로 이어져 서울의 주택문제를 해결하는 데 밑거름이 되었으면 한다. 특히 후세 자손들이 집값을 마련하기 어려워 고통당하고, 임대주택에 산다는 이유로 아이들이 차별대우를 받지 않으며, 어떤 주택에 투자할지에 대한 고민과 투자이익에 대한 상대적인 박탈감에서 벗어나 좀 더 생산적이고 미래 지향적인 과제에 몰입할 수 있었으면 하는 바람을 가진다.

참고문헌

권태연 외, 2004, "아파트 분양가와 입주후 시장가격간의 관계분석", 국토계획, 제39권, 대한국토도시계획학회, 159-174쪽.

고원용, 2000, 도시주거환경이 공동주택 가격에 미치는 영향, 연세대 박사학위논문.

국토해양부, 2009, 주택업무편람, 국토해양부.

국토해양부, 2011, 주택업무편람, 국토해양부.

국토해양부, 2008, 임대주택업무편람, 국토해양부.

김동수·김옥연, 2005, "국민임대주택 100만호 공급과 도시성장관리", 주택도시, 통권 제85호, 대한주택공사, 대한국토·도시계획학회, 161-176쪽.

김종림, 2004, "지역주민의 국민임대주택에 대한 인식과 개선 방향", 공간과 사회, 22권, 56-80쪽.

김주진, 2005, "재건축임대주택 의무공급방안의 개발이익환수제로서 의의와 보완방향," 주택도시, 통권 제85호, 대한주택공사 주택도시연구원, 177-192쪽.

김진유, 2008, "토지임대부 및 환매조건부주택 수요특성 분석: 군포 부곡지구 시범사업 사례를 중심으로", 국토계획, 제43권 제1호, 대한국토·도시계획학회, 123-139쪽.

김혜승 외, 2006, 임대주택 체계개편 연구, 건설교통부(국토연구원).

노화준, 2008, 정책평가론(제4판), 법문사.

대한주택공사, 1998, 분양가 자율화시대의 주택공급제도, 대한주택공사 주택연구소.

류훈 외, 2008, 장기전세주택 유지관리 연구 보고, SHift유지관리 특별추진팀 업무보고.

문장혁 외, 2005, "공공임대주택이 커뮤니티 지가에 미치는 영향에 관한 연구", 국토계획, 제41권, 대한국토·도시계획학회, 103-115쪽.

문홍길, 2004, "뉴타운사업 방식과 지구단위계획", 21C 도시정책론, 사단법인 21C 도시정책개발원.

박준영, 2003, "21세기에 맞는 새로운 국민임대주택 바라며", 주택도시, 통권 제78호, 대한주택공사, 90-100쪽.

박은규, 2005, "매입임대주택의 사후 관리방안 - 격지간 분산된 소량의 주택관리", 주택도시, 통권 제84호, 대한주택공사, 102-116쪽.

박은철, 2008, 장기전세주택(SHift) 확대공급에 따른 관리 효율화 방안, 서울시정개발연구원.

박은철 외, 2008, 수요대응형 장기전세주택 공급방안 연구보고서, SHift 정책담당특별추진팀 업무보고.

박재룡, 2009, 주택정책의 오해와 진실, 삼성경제연구소.

변창흠, 2009, "서울시 장기전세주택의 공급을 통한 본 공공주택정책의 방향", 정책토론회 자료집.

서수정 외, 2004, "임대주택단지의 사회적 배제실태 및 사회통합적 계획방안 연구", 주택도시, 통권 제83호, 대한주택공사.

서순탁 외, 2008, "재건축 임대주택의무제의 지역별 개발이익환수 효과분석", 감정평가연구 제18집 제1호, 감정평가학회, 153-168쪽.

서순탁, 2009, 서울시 장기전세주택(SHift)정책 추진 실태와 향후과제, 서울시의회.

서울시, 2011, 장기전세주택 운영평가 및 향후 정책방향 연구, 서울시(서울시립대).

손재영·김용경, 2005, "참여정부 주택정책의 파급영향 및 개선방안", 주택산업연구원 정책토론회.

오동훈, 2000, "우리나라 대도시 공공임대주택 입주자의 편익에 관한 연구", 한국정책학회보, 제9권 제3호, 한국정책학회, 237-257쪽.

오동훈·이잔범, 2003, "한강수변 아파드 가격에 미치는 조망과 충변요인의 영향 분석", 국토계획, 제38권 5호, 247-257쪽.

유성용, 2005, "개발제한구역내 국민임대주택단지 개발계획수립지침의 주요내용 및 적용실례", 주택도시, 통권 제85호, 대한주택공사, 대한국토·도시계획학회, 193-205쪽.

유현지, 2006, "주택정책이 주택가격 불안정에 미친 영향", 국가정책연구 제22권 제2호, 75-114쪽.

유희준 외, 1989, "주택시장 분석을 통한 주택정책의 재평가와 주택문제 해소방안에 관한 연구", 대한건축학회논문집 6권 4호, 대한건축학회, 11-20쪽.

윤정중, 2001, 도시경관의 조망특성이 주택가격에 미치는 영향, 연세대 박사학위논문.

윤인숙, 2002, "민간건설 공공임대주택의 문제점과 개선방안", 주택도시, 통권 제72호, 대한주택공사, 63-72쪽.

이병기, 2007, 주택 및 부동산 정책, 한국경제연구원.

이재순, 2007, 완전정보선(IF)을 이용한 주거용 부동산의 질 평가에 관한 연구, 서울시립대학원 박사학위논문.

이주림·구자훈, 2008, "다가구 매입임대주택에 대한 주변지역 주민인식 및 전세가격 영향 분석", 국토계획 제43권, 대한국토도시계획학회, 111-122쪽.

이중근, 2004, 임대주택정책론 - 이론과 실제, 나남출판.

이진경, 2004, 주택정책의 유형별 효과성 분석: 목표달성도와 주택가격 영향을 중심으로, 서울대 박사학위논문.

이창무 외, 2002, "재건축에 따른 전세가 변동 추정모형", 국토계획 제37권, 대한대한국토·도시계획학회, 127-140쪽.

임서환, 2002, 주택정책 반세기, 대한주택공사.

임성은 외, 2009, "장기전세주택이 주변 전세가격에 미치는 영향", 도시행정학보, 제22권 2호, 한국도시행정학회, 245-264쪽.

임성은, 2009, "장기전세주택의 성과와 과제", 제23회 대도시행정 세미나 자료집, 서울시립대·SH공사.

임성은, 2010, 장기전세주택이 주택에 대한 인식변화와 주변 전세가격에 미친 영향에 관한 연구, 서울시립대 박사학위논문

임성은, 2011, 서울행정학, 신라미디어

임승직·김주영, 1998, "분양가 자율화시대의 주택공급제도", 한국건설기술연구원.

임재현 외 4, 2008, 주택정책론, 부연사.

장세훈, 2007, "주택소유의 관점에 입각한 중산층의 재해석", 경제와 사회, 2007년 여름호, 199-226쪽.

장영희, 2003, 공공임대주택 임대료 및 공급체계 개선 방안, 서울시정개발연구원.

장영희·박은철, 2005, 가구특성별 주거복지정책 연계체계구축방안 연구, 서울시정개발연구원.

정의철, 1999, "공공임대주택 입주자 편익 배분에 관한 연구", 재정논집, 13집 2호, 한국재정학회, 353-374쪽.

정재영, 1991, "주택공급정책과 실수요자에 관한 연구", 대한건축학회 논문집, 37권 5호, 대한건축학회, 65-73쪽.

조윤애·김태룡, 2004, "부담가능한 주거를 위한 국민임대주택사업의 정책과제", 한국사회와 행정연구, 제15권 제3호, 505-524쪽.

진미윤, 2003, "국민임대주택 100만호시대의 주택정책 과제", 주택도시, 통권 제78호, 대한주택공사, 74-89쪽.

진미윤·이현정, 2005, 싱가포르의 주택정책과 주택공급체계, 국토연구원.

진미윤, 2010, "주민생활 밀착형 복지정책이 서울 시민의 복지향상에 미친 영향에 미친 효과 - 시프트 도입에 따른 주거복지 향상을 중심으로", 민선4기 지방자치 세미나 자료집, 한국지방자치학회, 4-22쪽.

천병호, 2004, "한국주택정책의 새로운 패러다임", 국회보, 통권448호, 93-97쪽.

최막중, 2001, "용적률 및 개발용도 규제의 변화가 주택가격과 지가에 미치는 영향에 관한 이론적 분석", 국토계획, 제36권 3호, 대한국토·도시계획학회, 87-100쪽.

최철규·오동훈, 2004, "집단에너지공급이 서울시 아파트 가격 및 전세 가격에 미치는 영향에 관한 실증연구", 도시행정연구, 제19권 1호, 박병대정연구, 제19집, 45-79쪽.

최현정 외, 2004, "주택재건축사업의 주거이동에 따른 주변지역 전세가격의 변화에 대한 연구", 국토계획, 제39권 6호, 대한국토·도시계획학회, 103-113쪽.

하성규, 2006, 주택정책론(제3전증보판), 박영사.

허재완 외, 2004, "국민임대주택 건설정책에 대한 성과평가 및 안정적 재원 조성방안에 관한 연구", 한국건설기술연구원.

홍인의, 2004, 주택통계편람, 대한주택공사.

SH공사, 2009, 장기전세주택유효성 평가용역, 한국도시행정학회.

SH공사, 2009, 장기전세주택의 유효성평가, SH공사(서울시립대)

Akerlof, G. A., 1970, "The Market for 'lemons': Qualitative Uncertainty and The Market Mechanism", *Quarterly Journal of Economics*, Vol.84, No.3, pp.488-500.

Balchin, P., 1996, *Housing Policy in Europe*. London, Routledge.

Bei, Lien – Ti and Widdows, Richard, 1999, "Product Knowledge and Product Involvement as Moderators of the Effects of Information on Purchase Decisions: A Case Study Using the Perfect Information Frontier Approach", *Journal of Consumer Affairs*, Vol.33, No.1, pp.165-186.

Boones, M. M. et. al., 1991, "Crowding and Residential Satisfaction in the Urban Environment", *Environment & Behavior*, Vol.23, pp.532-552.

Stafford, D. C., 1978, *The Economics of Housing Policy*, London: Croom Helm.

Finke, Michael et. al., 1995, "How Much Should Consumers Be Willing to Pay for Information about Consumer Products?", *Family Economics and Resource Management Biennial*, Vol.1, pp.21-22.

G. Keller, 이상규 역, 2006, 켈러의 경영경제통계학, THOMSON.

Garrett, P. G., 1972, *Consumer Gousing, Peoria, IL*: Chas. A. Bennet co., Inc.

Habraken, N. John, 1970, *Three r's for housing*, scheltema & holkema, Amsterdam.

Habraken, N. John, 1987, "The Uses of levels", *Unesco regional seminar on shelter for the homeless*, keynote address.

Harris, C. M., 1976, "The Measurement of Quality in Housing and Its

Relationship to Housing Satisfaction", *Housing Educators Journal,* Vol.3, No.2, pp.7-14.

Hauser, John R. and Birger Wernerfeldt, 1990, "An Evaluation Cost Model of Consideration Sets", *Journal of Consumer Research*, Vol.16, pp.393-408.

Housing Corporation, 2005, *Housing Quality Indicators Form −Version 3.,* UK

HUD, 1971, *Minimum Property Standards for Housing; Site Planning*, HUD hand Book, No.2600, New York: HUD.

Kain, J. F & J. M. Quigley, 1970, "Measuring the Value of Housing Quality", *Journal of the American Statistical Association*, Vol.65, pp.532-548.

K. Hornback and R. W. Shaw, 1972, *Toward a Quantitative Measure of the Quality of Life*, Washington, D. C.: Homer Hoyt Institute.

Landon, E. L., 1980, "Consumer Satisfaction, Dissatisfaction and Complaining Behaviors as Indicators of Market Performance", *Advances in Consumer Research,* pp.186-190.

L. S. Bourne, 1981, *The Geography of Housing*, London.

Maynes, E. Scott, 1976, "The Concept and Measurement of Product Quality", *Household production and Consumption*, ed., Nestor Terleckyj, ed., New York: National Bureau of Economic Research, pp.529-560.

Maynes, E. Scott, 1990, "An Information Desiderata Evaluation of Sources of Consumer Information", Second International Conference on Research in the Consumer Interest Snowbid Conference Center, Utah, pp.32-52.

Morris, E. W. & M. Winter, 1978, *Housing, Family and Society*, New York: John Wiley & Sons. Inc.

Morris, E. W. et. al., 1972, "The Measurement of Housing Quality", *Land Economics,* Vol.48, No.4, pp.383-387.

Peter H. Rossi 외, 2004, *Evaluation*, SAGE Publications.

Rosen, S., 1974, "Hedonic Prices and Implicit Markets: Product Differentiation in Pure Competition", *Journal of Political Economy*, Vol.82.

Stigler, George J., 1961, "The Economics of Information", *The Journal of Political Economy*, Vol.69, No.3, pp.213-225.

Zeithamal, V. A., 1987, *Defining and Relating Price, perceived Quality, and Perceived value*, Cambrige, MA: Marketing Science Institute.

국토해양부 홈페이지: http://www.mltm.go.kr

서울시 홈페이지: http://www.seoul.go.kr

SHift 홈페이지: http://www.SHift.or.kr

SH공사 홈페이지: http://www.i－sh.co.kr

부록 1. 입주자 설문지

장기전세주택 입주자용   id ☐☐☐☐

서울시 주택정책에 대한 설문조사

> 안녕하세요. 서울시립대 도시행정학과 박사과정 임성은입니다.
>
> 공공부문의 주택공급정책에 대한 장기전세주택 입주자 여러분들의 의견을 듣기 위해 설문조사를 실시하고 있습니다.
>
> 선생님께서 응답하신 내용은 철저히 비밀이 보장되며, 향후 더 나은 주택정책을 위한 기초자료로 활용될 것입니다. 바쁘시더라도 잠시만 시간을 내어 응답해 주시면 감사하겠습니다.
>
> – 문의처: 임성은(T. 010 – 2210 – 1538)

Q1. 설문에 앞서, 실례지만 선생님께서 거주하시는 단지는 어디입니까?

1. 은평지구	2. 장지지구	3. 발산지구
4. 강일지구	5. 반포지구	6. 재건축 시프트

Q2. 실례지만 연령대는 다음 중 어디에 속하십니까?

① 20~29세   ② 30~39세   ③ 40~49세
④ 50~59세   ⑤ 60세 이상

Q3. 응답자 성별 표시

① 남자   ② 여자

Q4. 장기전세주택에 입주하신 지는 얼마나 되셨습니까?

_________년 _________개월

※ 장기전세주택 *Shift* (시프트)의 주거환경에 대해 여쭙겠습니다.

문 1) 장기전세주택에 입주하기 전 선생님께서 거주하시던 주택과 비교하여 예전 대비 현재 주거환경에 대해 얼마나 만족하십니까?
　① 매우 만족한다
　② 대체로 만족스러운 편이다　　➡ ①, ②번 문 2번으로
　③ 조금 불만족스러운 편이다
　④ 매우 불만족스럽다　　➡ ③, ④번 문 3번으로

문 2) (문 1에서 ①, ②번 '만족'이라는 응답자만) 장기전세주택에 대한 만족도가 높은 이유는 무엇입니까?
　① 저렴한 전세금(시세의 80% 이하)
　② 20년간 안정적 거주
　③ 기존임대주택과의 차별성(다양한 평형, 이미지)
　④ 월세형이 아닌 전세형
　⑤ 주거환경과 품질

문 3) (문 1에서 ③, ④번 '불만족'이라는 응답자만) 현재 장기전세주택의 주거환경이 기존 주택에 비해 불만족스러운 대표적인 이유가 무엇입니까?

____

____

문 4) 앞으로 집을 사실 의향이 있으십니까?
　① 있다　　　　　　　　　② 없다
　③ 잘 모르겠다.

문 5) 장기전세주택 입주 전에 집을 사실 의향이 어떠셨습니까?
　　① 있었다　　　　　　　　　　② 없었다
　　③ 기타＿＿＿＿＿＿＿＿＿＿＿＿＿＿＿

문 6) 장기전세주택 입주 후에 주택에 대한 개념에 변화가 있으십니까?
　　① 투자대상에서 거주수단으로 이동
　　② 거주수단에서 투자대상으로 이동
　　③ 변화가 없다
　　④ 기타＿＿＿＿＿＿＿＿＿＿＿＿＿＿＿

문 6-1) (문 6에서 ①번 응답자만) 투자대상에서 거주수단으로 바뀐
　　　　주된 이유가 무엇입니까?
　　① 투자가치 하락　　　　　② 투자가치 불투명
　　③ 장기전세주택의 공급　　④ 보금자리주택의 공급
　　⑤ 기타＿＿＿＿＿＿＿＿＿＿＿＿＿＿＿

문 6-2) (문 6에서 ②번 응답자만) 거주수단에서 투자대상으로 바뀐
　　　　주된 이유가 무엇입니까?
　　① 매매가격 상승(불안정)
　　② 전세가격 상승(불안정)
　　③ 안정적인 주거 필요
　　④ 투자가치 기대(다른 투자처 부족)
　　⑤ 기타＿＿＿＿＿＿＿＿＿＿＿＿＿＿＿

문 7) 만약 상기전세주택이 지속적으로 확대공급되면, 주택에 대한 개
　　　념이 '소유대상'에서 '거주수단'으로 바뀔 것으로 생각하십니까?

아주 기여 (1)	기여 (2)	보통 (3)	무관 (4)	아주 무관 (5)

문 8) 서울시의 장기전세주택 SHift(시프트)에 대해 하시고 싶은 말씀
이 있으시면, 무엇이든지 좋으니 자유롭게 말씀해 주십시오.

※ 마지막으로 통계처리를 위해 여쭙겠습니다.

Q5. 선생님댁의 월평균 가구소득(부부소득)은 다음 중 어디에 해당되십니까?
　　① 200만 원 미만　　　　　② 200만 원~300만 원
　　③ 300만 원~400만 원 이상　④ 400만 원 이상

부록 2. 전문가 설문지

주택정책 직원용   id ☐☐☐☐

주택공급정책에 대한 설문조사

안녕하세요. 서울시립대 도시행정학과 박사과정 임성은입니다.

공공부문의 주택공급정책에 대한 전문가 여러분들의 의견을 듣기 위해 설문조사를 실시하고 있습니다.

- 정부는 그린벨트 해제지역에 보금자리주택을 건설하여 시세보다 저렴한 가격으로 분양주택(임대주택과 병행)을 공급할 계획입니다.
- 서울시는 장기전세주택을 공급하여 주택에 대한 개념을 사는 것에서 사는 곳으로 전환하겠다는 정책목표를 가지고 있습니다.
- 국민임대주택은 그동안 정부와 서울시가 저소득층의 주거안정을 위하여 공급하고 있습니다.

이와 관련하여 정부가 주택을 직접 공급할 경우 어떤 방식이 적정한지에 대한 조사입니다.

선생님께서 응답하신 내용은 철저히 비밀이 보장되며, 향후 더 나은 주택정책을 위한 기초자료로 활용될 것입니다. 바쁘시더라도 잠시만 시간을 내어 응답해 주시면 감사하겠습니다.

- 문의처: 임성은(T. 010-2210-1538)

※ 공공의 주택공급정책에 대해 먼저 질문드리겠습니다.

문 1) 그동안 LH공사, SH공사 등 공공부문에서는 분양주택을 공급해
    왔습니다. 공공이 주택을 직접 공급하는 것에 대해 어떻게 생각
    하십니까?

적극 찬성 (1)	찬성 (2)	보통 (3)	반대 (4)	적극 반대 (5)

문 1-1) 공공이 분양수익을 남기는 것은 적절하지 않다는 주장에 대
    해 어떻게 생각하십니까?

적극 찬성 (1)	찬성 (2)	보통 (3)	반대 (4)	적극 반대 (5)

문 1-2) 임대주택 재원마련을 위해 분양수익은 불가피하다는 주장에
    대해 어떻게 생각하십니까?

적극 찬성 (1)	찬성 (2)	보통 (3)	반대 (4)	적극 반대 (5)

문 2) 공공이 분양을 할 경우, 적절한 분양가 책정기준은 무엇이라고
    생각하나요?

    ① 원가 수준   ② 시세와 비슷한 수준
    ③ 시세보다 낮은 수준   ④ 기타

문 2 - 1) 건설원가 수준에서 공급할 경우, 주변보다 낮은 가격으로 당
첨자에게만 수익이 돌아간다는 주장(일명 로또복권)에 대해
어떻게 생각하십니까?

아주 동의 (1)	동의 (2)	보통 (3)	반대 (4)	적극 반대 (5)

문 2 - 2) 시세수준에서 공급할 경우, 주변시세를 자극하여 주변 주택
가격 상승의 원인을 제공한다는 주장에 대해 어떻게 생각하
십니까?

아주 동의 (1)	동의 (2)	보통 (3)	반대 (4)	적극 반대 (5)

※ 공공의 주택공급유형에 대해 질문드리겠습니다.

문 3) 현재 공공부문에서는 주택을 크게 3가지 유형으로 공급하고 있
습니다. 각각의 공급유형이 어느 정도 잘 추진되고 있다고 생각
하십니까?

	아주 잘함 (1)	잘함 (2)	보통 (3)	못함 (4)	아주 못함 (5)
보금자리주택(분양)					
국민임대주택					
장기전세주택					

문 4) 현재 공급하고 있는 가격수준에 대해서는 어떻게 생각하십니까?
(서울시내, 소형 기준)

	아주 낮다 (1)	낮다 (2)	적절 (3)	높다 (4)	아주 높다 (5)
보금자리주택(분양) (주변시세 50~75%)					
국민임대주택 (보증 3~4천 + 월 20~30만 원)					
장기전세주택 (주변전세 80% 이하)					

문 5) 보금자리주택과 관련한 아래 주장에 대해 어떻게 생각하십니까?

	아주 동의 (1)	동의 (2)	보통 (3)	부동의 (4)	아주 부동의(5)
서민에게는 높은 가격이다					
청약통장 불법거래 등 투기만 부추긴다					

문 6) 국민임대주택과 관련한 아래 주장에 대해 어떻게 생각하십니까?

	아주 동의 (1)	동의 (2)	보통 (3)	부동의 (4)	아주 부동의(5)
저소득층에게는 임대료가 높다					
저소득층 거주지라는 부정적 이미지					

문 7) 장기전세주택과 관련한 아래 주장에 대해 어떻게 생각하십니까?

	아주 동의 (1)	동의 (2)	보통 (3)	부동의 (4)	아주 부동의(5)
소득제한이 없는 것은 부당하다					
공급가격(주변전세 80% 이하)이 낮다					

문 8) 저소득층에게 임대주택을 공급해 왔으나, <u>중산층</u>에 대한 주택정
책으로 어떤 것이 적절하다고 생각하십니까?
① 분양(무주택 세대주)　　　② 장기전세주택
③ 임대주택　　　　　　　　④ 기타

문 9) 공공이 택지개발(G/B해제 포함)을 할 경우 택지비가 시세보다
싼 편인데, 향후 어떤 공급방식이 적당하다고 생각하십니까?

① 시세수준의 분양　　　　② 원가수준의 분양
③ 장기전세주택　　　　　④ 시세보다 낮은 수준의 분양

문 10) 아래 공급유형이 주변의 주택가격에 미치는 영향은 무엇이라고
생각하십니까?

	많이 낮춤 (1)	낮춤 (2)	관계없음 (3)	높임 (4)	많이 높임 (5)
보금자리주택(분양)					
국민임대주택					
장기전세주택					

※ 공공의 주택정책목표에 대해 질문드리겠습니다.
그동안 주택정책의 목표로 '내집마련 촉진'과 '소유에서 거주
로 전환' 등이 있습니다.

문 11-1) '<u>내집마련 촉진</u>'이라는 목표는 어느 정도 달성되었다고 생
각하십니까?

아주 달성 (1)	달성 (2)	보통 (3)	미달 (4)	아주 미달 (5)

문 11 - 2) '소유를 거주로 전환'이라는 목표는 어느 정도 달성되었다
고 생각하십니까?

아주 달성 (1)	달성 (2)	보통 (3)	미달 (4)	아주 미달 (5)

문 11 - 3) 서울시의 주택가격은 소득수준(PIR)에 비해 매우 높아 현
실적으로 '내집마련정책'이 부적절하다는 주장에 대해 어떻
게 생각하십니까?

아주 동의 (1)	동의 (2)	보통 (3)	반대 (4)	적극 반대 (5)

문 11 - 4) '내 집은 하나 있어야 하기' 때문에 '소유에서 거주로 전환'
은 부적절하다는 주장에 대해 어떻게 생각하십니까?

아주 동의 (1)	동의 (2)	보통 (3)	반대 (4)	적극 반대 (5)

문 11 - 5) '내집마련 촉진'이라는 목표달성에 필요한 요소는 무엇이라
고 생각하십니까? (복수응답 가능)
① 분양가 하향조정   ② 금융지원 강화
③ 주택의 공급확대   ④ 무주택자 위주의 청약제도
⑤ 기타

문 11 - 6) '소유를 거주로 전환'이라는 목표달성에 필요한 요소는 무
엇이라고 생각하십니까? (복수응답 가능)
① 매매가격의 안정
② 전세가격의 안정
③ 장기전세주택의 공급확대
④ 주택에 대한 인식의 전환(투자 or 주거)
⑤ 기타

문12) 앞으로 서울시내 주택상황을 고려한 정책의 목표는 어느 쪽이
더 적당하다고 생각하십니까?

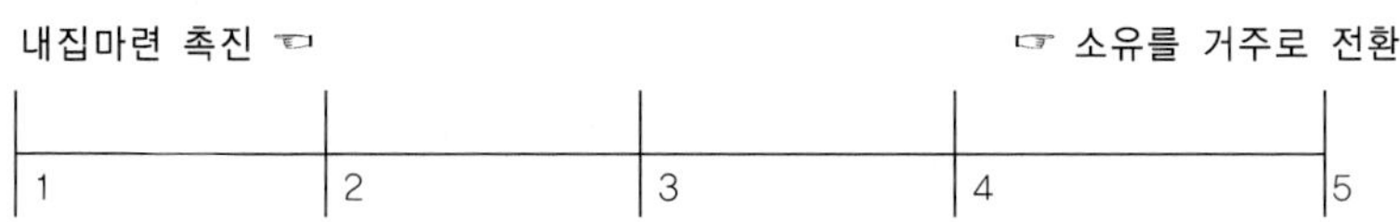

※ 주택의 개념에 대해 질문드리겠습니다.

문13) 현재 <u>주택에 대한 개념</u>이 아래 보기 중 어느 쪽에 가까우십니까?

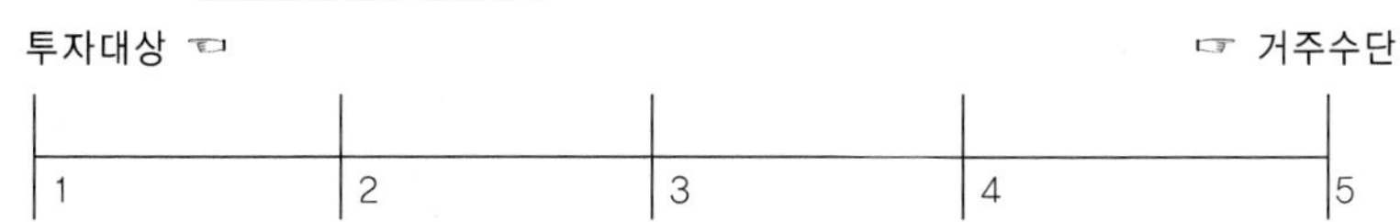

문14) 3년 전과 비교했을 때 주택에 대한 개념에 변화가 있으십니까?
① 투자대상에서 거주수단으로 이동 ➡ 문 14-1번으로 가세요.
② 거주수단에서 투자대상으로 이동 ➡ 문 14-2번으로 건너뛰세요.
③ 변화가 없다
④ 기타＿＿＿＿＿＿＿＿＿＿＿＿＿＿＿

문14-1) (문 14에서 ①번 응답자만) 투자대상에서 거주수단으로
변화가 있는 이유가 무엇입니까?
① 투자가치(주택가격) 하락
② 투자가치 불투명(주택시장 불안)
③ 장기전세주택의 공급
④ 보금자리주택의 공급
⑤ 기타＿＿＿＿＿＿＿＿＿＿＿＿＿＿＿

문 14 - 2) (문 14에서 ②번 응답자만) 거주수단에서 투자대상으로
　　　　　 변화가 있는 이유가 무엇입니까?
　　① 매매가격 상승(불안정)
　　② 전세가격 상승(불안정)
　　③ 안정적인 주거 필요
　　④ 투자가치 기대(재테크 등)
　　⑤ 기타(0%)____________________________

※ 장기전세주택에 대해 질문드리겠습니다.

문 15) 만약 앞으로 장기전세주택(20년간 거주) 입주자격이 되는 동
　　　 시에, 주택구매능력이 되시면, 장기전세주택에 입주하시겠습니
　　　 까? 아니면 주택을 구매하시겠습니까?

　　① 시프트에 전세로 입주할 것이다.　➡ 문 15 - 1번으로 가세요.
　　② 본인 소유의 주택을 구매할 것이다.　➡ 문 15 - 2번으로 건너뛰세요.

문 15 - 1) (문 15에서 ①번 응답자만) 장기전세주택에 입주하신다고
　　　　　 하셨는데, 그 주된 이유가 무엇입니까?
　　① 저렴한 전세금(시세의 80% 이하)
　　② 20년간 안정적 거주
　　③ 기존 임대주택과의 차별성(다양한 평형, 이미지)
　　④ 월세형이 아닌 전세형
　　⑤ 주거환경과 품질
　　⑥ 집값 불안에 따른 리스크 분산

문 15-2) (문 15에서 ②번 응답자만) 본인의 주택을 구매할 것이라
고 하셨는데, 그 주된 이유가 무엇입니까?
① 투자가치 (수단)
② 소유욕구
③ 거주의 안정성
④ 임대주택단지보다 교육 등 주거환경우수
⑤ 기타

문 16) 만약 장기전세주택이 지속적으로 확대공급되면, 주택에 대한
개념이 '소유'에서 '거주'로 바뀌는데 어느 정도 기여할 것으로
생각하십니까?

아주 기여 (1)	기여 (2)	보통 (3)	무관 (4)	아주 무관 (5)

문 16-1) 앞으로 장기전세주택이 아파트 재고량의 10% 정도에 도
달하면 가격안정 효과가 있을 것이라는 연구결과가 있는
데, 이에 대해 어떻게 생각하십니까? (현재 1만 호 공급)

아주 동의 (1)	동의 (2)	보통 (3)	반대 (4)	적극 반대 (5)

문 16-2) 만약 장기전세주택이 어느 정도 지속(현재 3년)되면 '소유'
에서 '거주'로 바뀌는 데 기여할 것으로 생각하십니까?

3년~5년 (1)	5년~7년 (2)	7년~10년 (3)	10년~15년 (4)	15년 이상 (5)

문 17) 마지막으로 공공의 주택공급정책 등과 관련하여 당부하고 싶은
말씀이 있으시면, 무엇이든지 좋으니 자유롭게 말씀해 주십시오.

Q1. 연령대는 다음 중 어디에 속하십니까?
① 20~29세　　　　② 30~39세
③ 40~49세　　　　④ 50~59세
⑤ 60세 이상

Q2. 성별은 무엇입니까?
① 남자　　　　　② 여자

Q3. 현재 어떤 곳에 살고 계십니까?
① 자가　　　　　② 전세(유주택)
③ 전세(무주택)　　④ 월세
⑤ 기타

Q4. 월평균 가구소득(부부소득)은 다음 중 어디에 해당되십니까?
① 300만 원 미만　　② 300~400만 원
③ 400~500만 원　　④ 500~600만 원
⑤ 600만 원 이상

Q5. 학력수준은 다음 중 어디에 해당되십니까?
① 대졸　　　　　② 석사
③ 박사　　　　　④ 기타

Q6. 주택업무를 담당하신 기간은 어느 정도에 해당되십니까? (순환근무 시 합산 가능)
① 2년 이하　　　　② 2년~5년
③ 5년~10년　　　　④ 10년 이상

부록 3. 장기전세주택 제안서

장기전세공공주택 공급계획(안)

- 향후 서울시와 SH공사가 건설하는 공공분양 물량은 장기전세공 공주택으로 전환하여, 무주택자가 저렴한 가격에 장기로 거주할 수 있도록 제도 개선
- 이를 통해 전세가 안정, 주거안정, 투기수요 감소, 주택가격 안정에 기여할 것으로 예상
- 궁극적으로 주택에 대한 인식을 '소유'의 개념에서 '거주'의 개념으로 전환하는 계기가 되어 국가적 부동산정책의 틀을 마련하고자 함

○ 현황 및 필요성

- 현재 주택가격의 앙등현상은 수요대비 공급 부족, 투기수요, 저금리, 풍부한 유동자금의 증가와 더불어 부동산세제 인상분의 세입자 전가로 전월세 인상과 이로 인한 주택구매 실수요자의 매수참여로 주택시장이 가열되고 있음
- 또한 그동안 우리나라의 주거문화가 '소유'에서 '거주'의 개념으로 전환하는 데 실패하였고, 그동안 지어졌던 공공임대주택은 저소득층을 위한 복지수단으로만 활용되었고, 공공에서 분양하는 주택의 경우에도 주변시세로 책정된 높은 분양가로 인해 집값, 전세값 안정에 기여하지 못함
- 따라서 저소득 위주의 임대주택정책과 공공주택의 적정 분양가 산정의 어려움을 대체할 새로운 방식의 공공주택(분양)의 공급정책이 필요

○ 장기전세공공주택의 개념

① 전세: 현재의 전세 아파트처럼 SH가 공급하는 주택을 전세형 태로 공급하는 아파트

② 장기: 일반 전세와는 달리 10~20년까지 거주할 수 있도록 하여 거주의 안정을 최우선 고려(주택을 구매하거나, 본인이 이주를 원할 경우 퇴거 가능)

③ 전세 인상 최소화: 2년간 계약기간을 적용하여 재갱신하고, 물가인상 수준을 적용하되 5%를 넘지 않도록 운용

④ 공공주택: 소유권을 서울시(SH공사)가 유지함으로써 저분양 가로 인한 개발차익 또는 향후 재건축 시 따르는 개발이익 환수의 우려를 근원적으로 차단

⑤ 낮은 공급가: 주변 전세가의 80~90% 수준으로 공급하며, 이 는 분양가나 매매가와 비교할 경우 40~45%선일 것으로 예 상됨

○ 장기전세공공주택의 공급대상자 및 공급대상

① 공급대상: 무주택 세대주로서 다수의 서민층에게 혜택이 돌 아갈 것으로 보이며, 특별히 저소득층을 대상으로 한 월세임 대나 국민임대주택정책의 사각지대에 있는 무주택 서민층을 대상

② 공급물량: 그동안 SH공사가 분양으로 공급하던 물량과 중대 형 임대 물량, 재건축에서 제공되는 임대 물량을 장기전세공 공주택으로 전환하게 됨

※ 도시계획사업으로 철거된 가옥주에게 특별공급이 결정된 지

구는 현 제도를 유지함

※ 서울시의 장기전세공공주택정책이 성공적으로 안착할 경우,
주택공사나 경기지방공사 등 수도권에 공공주택을 공급하는
다른 기관도 동참할 경우, 전체 가격을 안정시킬 수 있는 정
도의 물량공급이 가능

○ 장기전세공공주택의 기대효과

① 주택이 '소유'에서 '거주' 개념으로 전환

- 20년 동안 거주할 경우, 사실상 내 집 같은 효과가 있어 거
주를 목적으로 하는 주택 매입이 사실상 불필요하게 됨(예를
들어, 결혼한 35세 가족이 입주하여 20년간 거주할 경우 55
세, 정년 또는 자녀의 결혼 때까지 안정적으로 거주할 수 있
으며 이후 상황변화에 따라 집을 옮겨 갈 수 있음)

② 주택가격 안정에 기여

- 전세가격 안정, 실수요자의 주택매수 불참여, 매매수요 감소
로 인한 주택가격 안정은 투기수요까지 감소하여 장기적으
로 주택가격을 안정시키며, 소유나 투자 중심의 주택문화를
거주개념으로 전환할 수 있을 것으로 예상

③ 전세가격 안정

- 20년 동안 전세가격이 안정됨으로써 2년마다 돌아오는 전
세계약 갱신 때마다 전세가의 인상으로 인한 경제적 부담
과 이주현상을 줄이며, 주변 전세가의 안정에도 영향을 미
치게 될 것으로 예상

④ 임대주택에 대한 인식전환

- 재개발 과정에서 그동안 저소득층의 입주로 인한 반대현상
을 다소 누그러뜨림으로써 빈부격차로 인한 사회적 갈등해
소에도 일정 역할을 할 것으로 기대

※ 저소득층을 위한 임대주택 공급은 계속되며, 다가구·다세대·
단독주택 매입을 통해 보다 저렴한 가격의 임대주택을 공급
함으로써 저소득층의 실질적인 주거안정에 기여

○ 향후 과제

- 장기전세공공주택의 새로운 브랜드와 홍보: 기존의 임대주
택과는 완전히 다른 이미지를 줄 수 있도록 저소득 시민
주거지로 인식되어 온 현상 탈피

※ 새로운 명칭 부여: '리스 홈', '리스 빌' 등 새로운 이미지를
제공하는 명칭

· 명칭은 시민공모, 전문가 용역 등을 통해 추후 선정

부록 4. 본 저서 관련 보도내용(동아일보/2010-08-10)

"시프트 10만 채 공급 땐 아파트 전세금 10% 낮춰"
임성은 前 서울시비서관 논문…2018년경 효과 발생 예상

서울시가 공급하고 있는 장기전세주택(시프트)이 10만 채 공급되면 서울시내 아파트 전세금이 10% 낮아질 수 있다는 연구 결과가 나왔다. 임성은 전 서울시 정책비서관은 최근 발표한 서울시립대 대학원(도시행정학과) 행정학 박사학위논문을 통해 이같이 밝혔다.

"장기전세주택이 주택에 대한 인식변화와 주변 전세가격에 미친 영향에 관한 연구"라는 제목의 이 논문에 따르면 시프트는 2007년 시작해 지금까지 9,884채가 공급돼 평균 9.1 대 1의 입주 경쟁률을 보였다. 주변시세의 80% 수준으로 공급되기 때문에 인접 지역 아파트 전세금을 어느 정도 낮출 수 있을 것으로 알려져 왔지만 서울시 전역에서 효과를 거두기 위한 구체적 공급물량을 계량화한 것은 이 논문이 처음이다.

서울시는 올해 시프트 1만 244채를 공급하는 계획을 추진하고 있다. 내년 이후에도 연차적으로 공급물량을 계속 확대할 방침이다. 또 2018년까지 시프트 13만 채를 공급할 계획이어서 2018년경에는 시프트 10만 채 공급과 아파트 전세금 10% 인하 등의 효과가 발생할 것으로 임 전 비서관은 예상했다.

이 논문에는 시프트가 전세금 하락과 함께 주택수요 감소 효과를 낸다는 결과도 포함됐다. 은평, 장지, 발산, 반포, 강일 등 시프트 전 공급단지 입주자 중 166명을 설문조사한 결과 '입주 전에는 주택을 구매하고 싶었다'는 사람이 68.5%였으나 시프트 입주 후에는 50.9%로 낮아진 것으로 나타났다. 특히 월 소득 300만~400만 원 층(43명)에서는 입주 전 86%가 주택구매 의사가 있었으나 입주 후에는 41.9%로 크게 낮아지는 등 주택수요를 크게 감소시킨 효과가 있는 것으로 조사됐다.

임 전 비서관은 "시프트가 얼마만큼 공급돼야 실제 전세시장에 영향을 줄 수 있는지 계량화했다는 데 의미가 있다"며 "주거 안정을 위해 시프트 등 공공주택 공급을 확대할 필요가 있다"고 말했다.

이동영 기자 argus@donga.com

임성은

장기전세주택 박사 1호

장기전세주택 정책을 직접 제안하고('05.12), 정책으로 결정되도록 건의하였고('06.12), 정책집행 과정에 참여하였으며('07~'09), 운영평가까지 등('11.12) 사실상 전 과정을 함께하였다.

고속철도건설공단 근무를 통해 국토해양부 업무와 첫 인연을 맺은 후 국회 건설교통위원장(현 국토해양위원장) 비서관, 건설교통부 차관 출신 국회의원 보좌관 등을 통해 주택업무와 연계를 이었다.

서울특별시 정책기획보좌관, 고객서비스 연구실장 등을 역임하며 장기전세주택을 제안한 것 외에도 관심분야를 정책 영역 전반으로 확대하여, 120 다산콜센터, 동행 프로젝트 등을 직접 제안하였다. 현재 서울시립대학교 연구교수(도시과학연구원 융합도시연구센터)로 재직하고 있다.

언론, 홍보, 법학 등을 학부와 석사과정에서 함께 공부하였으며, 서울시립대 대학원에서 도시행정학을 공부하여 '장기전세주택'으로 박사학위를 받았다.

블로그(http://ych5534.blog.me)와 Facebook(ych5534)을 통해 많은 사람들과 소통하고 있으며, 저서로는 『서울 행정학』(2011)이 있다.

전세대란의 마지막 희망

장기전세주택

초 판 인 쇄 | 2012년 11월 02일
초 판 발 행 | 2012년 11월 02일

지 은 이 | 임성은
펴 낸 이 | 채종준
펴 낸 곳 | 한국학술정보㈜
주   소 | 경기도 파주시 문발동 파주출판문화정보산업단지 513-5
전   화 | 031) 908-3181(대표)
팩   스 | 031) 908-3189
홈 페 이 지 | http://ebook.kstudy.com
E - m a i l | 출판사업부 publish@kstudy.com
등   록 | 제일산-115호(2000. 6. 19)

ISBN   978-89-268-3847-1 93330 (Paper Book)
           978-89-268-3848-8 95330 (e-Book)